Mauvaises pensées

florilège d'incongruités

Philippe Pfeiffer

Mauvaises pensées

florilège d'incongruités

ജ♦ଓ

maximes et pensées

1988 & 2022

Du même auteur

- *Peuple de France je t'aime ! – Écrits des temps de révolte*. Éditions Dédicaces, Canada, 2021.
- *Errances Pandémiques – récits kafkaïens*. Amazon, 2022.
- *Écrits de Jeunesse* volume 1. Amazon, 2022.
- *Écrits de Jeunesse* volume 2. Amazon, 2022.
- *La crevette psychédélique, 108 contes animaliers illustrés*. Amazon, 2022.

À paraître :

- *Père indigne & autres délicatesses*, nouvelles.

Contact : phpfeiffer@laposte.net

ISBN : 978-2-9584442-3-5

Dépôt légal : janvier 2023

Sommaire

À tous les amateurs de bons mots...

Les tyrans ne sont grands que parce que
nous sommes à genoux.
Étienne de La Boétie.

Verrou *n. Appareil distinctif de la civilisation*
et de l'évolution de la pensée.
Ambrose Bierce,
Le dictionnaire du diable.

Avant-propos

La raillerie et l'impertinence ont une vieille tradition en France et ailleurs. De Marc Aurèle à Pierre Desproges, en passant par François de La Rochefoucauld et bien d'autres, les écrivains ont toujours su jouer subtilement avec le sarcasme et le moralisme à travers leur plume aussi acérée qu'un scalpel. Les trésors de la langue française permettent de faire des jeux de mots exquis, et les humoristes de génie comme un Pierre Dac ou un Raymond Devos l'ont bien compris. D'ailleurs, ils ont su manier avec brio la magie du verbe.

Modestement, en 1988, dans une publication à tirage confidentiel, je me suis essayé dans le style et l'esprit de ces petites phrases assassines où l'ironie mordante laisse parfois quelques traces amères... Je les livre aujourd'hui dans une nouvelle édition agrémentée d'une annexe de maximes écrites récemment, dont beaucoup d'entre elles sont basées sur des mots, des expressions ou encore des proverbes populaires détournés de leur sens premier. Mais attention, le facteur sonne toujours deux fois !

Philippe PFEIFFER,
Strasbourg, juin 2022.

Mauvaises Pensées
(1988)

Pour réussir dans la vie,
blindez votre âme.
Vous pourrez ainsi mieux abattre les autres.

Une âme fermée n'entend pas les cris du cœur d'autrui.

Un sexe éjacule la vie et le vice.
Un fusil éjacule la haine et l'horreur.
Un porte-monnaie éjacule
la possession et la puissance.
Tous les trois portent en eux le désir de la mort .

Il faut un début à tout. Alors commençons par des moyens qui justifient la fin.

Quand on est trop bon, on est trop con. Et quand vous êtes trop con, on ne peut plus rien pour vous. Désolé !

La politique me fait chier, c'est pourquoi j'emmerde tous ceux qui ont le pouvoir.

Il existe deux sortes de personnes :
les exploitants et les exploités.
Il serait bien amusant d'inverser les rôles, juste histoire de changer un peu.

Dans la vie, il faut pédaler, pédaler, et encore pédaler… Afin de ne pas perdre les pédales !

Certains individus sèment le trouble et la panique. Mais ce sont toujours les innocents qui récoltent la terreur.

Le seul défaut de Dame Solitude est de nous tenir compagnie trop souvent.

Il y a le cul triste et le cul gai. Si on assemble les deux, cela donne obligatoirement le cul morose.

Le massacre des animaux me remplit de haine et de dégoût envers le genre humain.

Celui qui s'ouvre les veines voit s'ouvrir de nouvelles perspectives.

Dieu est le seul que l'on peut aimer sans danger.

Un homme qui pète en société est un homme pétant de santé.

En football, on se demande parfois si l'arbitre est libre.

Plus on tourne en rond, moins on s'aperçoit que quelque chose ne tourne pas rond.

Il y a beaucoup de gens qui vendent leur âme.
Mais il n'y a qu'un seul acheteur : ***le diable !***

On peut réfléchir à l'infini sur les façons de ne pas faire la guerre, on n'arrêtera jamais le progrès en matière de destruction.

Personne n'ose présenter des dossiers brûlants de vérité, de peur de se brûler les doigts.

La mort est une adversaire dangereuse et sournoise, car elle met la vie en jeu.

Si l'espoir pouvait arrêter sa fâcheuse habitude de jouer aux dés !

Un homme qui est à deux doigts de résoudre une énigme, est un homme qui n'a plus que deux pas à faire dans la direction du mystère qui s'éclaircit.

Le kangourou est différent de l'homme, car il ne fait pas faux bond, lui.

Je n'aime pas les miroirs déformants. Je me trouve déjà assez mal en point comme ça.

Un malappris, c'est quelqu'un à qui l'on a mal appris la politesse.

On dit : là où il y a de la vie, il y a de l'espoir. Et là où il y a la mort, il y a quoi ?

L'alcool est quelque chose de formidable, pour qui ne sait pas s'arrêter de ne pas boire !

Lire, c'est vivre. Ne pas lire, c'est mourir.

Pour arrêter la course aux armements, il faut s'armer de patience. Malheureusement, il y aura toujours quelques imbéciles pour arrêter la course au désarmement.

La perfection est un état que l'on a atteint à l'âge de deux cents ans.

Dans « écrivain », il y a le mot cri, et le mot vain…

Les faibles doivent profiter des moments de faiblesse des forts.

Si l'on croit que l'on ne peut plus toucher le cœur d'une personne par un mot, une phrase, une image, un regard ou un cri, alors il n'y a plus qu'à toucher les parois d'un cercueil.

Avant de lancer les stations orbitales, il serait préférable de lancer un projet de sauvetage de la nature, ou, à défaut, des stations d'épuration...

La politique est un concert où celui qui a le plus de voix, a le plus de chance d'être écouté.

Hier, j'ai vu une vieille conne avec une toque en vison. Demain, j'espère voir un vison avec une toque en peau de vieille conne.

Klaus Barbie a été condamné à la détention à perpétuité. Qu'en est-il des fourreurs et de leurs états-majors d'assassins ?

Plus nous avons de choses, moins nous sommes contents ; et moins nous sommes contents, plus nous sommes mécontents !

❖

La (bonne) musique nous aide à supporter les bruits indésirables.

Il n'y a pas de bons ou de mauvais livres. Il n'y a que des gens qui ne sont pas sur la même longueur d'onde.

Les calembours, c'est comme les tambours, plus on frappe fort, plus ça sonne juste.

Il n'est pas difficile de devenir idiot.
Il suffit d'allumer la télévision et de gober toutes les idioties que racontent certains idiots dans leurs émissions idiotes !

Vous pouvez faire confiance à n'importe qui, du moment qu'il ne s'agit pas d'amis.

❖

Le racisme, c'est laid. La bonne conscience, c'est moche.

La gauche est un casse-tête.
La droite me casse les oreilles.
Le centre est casse-bonbon.
Les extrémismes me cassent les pieds.
Le tout est casse-gueule de toute façon.
Puis-je rester entier ?

Il est certain que je n'aime pas les gens trop sûrs d'eux, car il est probable qu'un jour ils perdront leur belle assurance. Ce jour-là, ils demanderont de l'aide aux gens moins sûrs d'eux et s'apercevront qu'on peut aussi compter sur eux.

La Terre est peuplée d'imbéciles. Mais ça, tout le monde le sait déjà.

❖

Si on pouvait lire la vérité sur le visage des gens, il y a longtemps que le mot « mensonge » serait rayé des pages du dictionnaire.

Certains individus commettent des erreurs :
quand il faut aimer, ils tuent ;
quand il ne faut pas tuer, ils tuent.

Je n'aime guère faire la guerre. Je préfère faire la paix en paix.

Rester indifférent à l'indifférence, supporter de tolérer l'intolérable, c'est ainsi que commence la fin du monde.

Pour avoir une identité, il faut impérativement avoir une carte d'identité. Mais si vous avez votre carte d'identité, vous n'avez pas forcément une identité.

Qui croire ? Que croire ? Mieux vaut adhérer aux idées de son propre cru.

Imaginez une vie de labeur, une vie sans plaisirs, une vie sans rêves, une vie sans imaginaire. C'est pratiquement invivable.

Croire au néant ne mène à rien.

Les trottoirs ressemblent souvent à des champs de bataille. On se rend malheureusement compte trop tard qu'on a mis les pieds dans un merdier.

Les arrivistes et les hypocrites sont les rois de ce monde. Les perdants gagnent une médaille en chocolat.

L’angoisse engendre la poisse.

Saccager la nature, c’est dans la nature de l’homme, naturellement.

Voilà le bonheur qu’on me propose :
travailler dur le plus possible afin que certains voient leurs poches gonfler, admirer les belles images des demeurés à la télé, avoir une femme et lui faire de nombreux gosses, ce qui m’obligera à travailler encore plus dur ; bref, on me propose de faire partie de la grande famille des familles !

Ceux qui nous imposent une façon de vivre ne nous laissent ni le choix ni le temps de penser différemment.

Le plus sûr moyen de se rencontrer est de ne pas se manquer ; en revanche, le plus sûr moyen de se séparer est de s'être rencontrés.

Il y a des personnes qui jettent un froid
(glacial le plus souvent),
d'autres jettent une petite lumière
(faible, si faible que l'on se retrouve dans le noir),
quelques-uns jettent un œil
(là où il ne faut pas),
certains jettent n'importe quoi
(même leur enfant),
pas mal jettent leur argent par la fenêtre
(sans faire attention où le vent emporte les billets).
Je trouve qu'il faudrait avant tout jeter sa connerie,
et surtout la jeter très loin !

Imaginer l'avenir, c'est comprendre présentement le passé.

Un dicton affirme que les absents ont tort. Soit. Dans certains cas, les présents ont cruellement tort de ne pas être absents.

Certains jours je broie du noir, les autres j'explose de joie. Je me demande comment je fais pour rester entier.

Une société qui n'arrive pas à fournir du travail à tout le monde est une société qui chôme.

Quand arrive la crise économique, les travailleurs trinquent. Les autres boivent à leur santé.

Dans certains pays on a trop tendance à emprisonner l'être humain qui s'appelle *Liberty*, si mes souvenirs sont exacts…

La vie, l'amour et l'amitié sont de bien grands mots. Parfois tellement grands qu'on les perd de vue.

La prétention est pratiquée par ceux qui prétendent avoir du talent.

Cul, bite et chatte sont l'essence du moteur pornographique ainsi que du plaisir de vivre. Et ça fonctionne !

Le sang est ce qui met de la couleur dans notre univers grisâtre.

Avis de recherche :
À l'approche de la nuit on a perdu un individu pâle et morose ayant pour nom Soleil !

Nous n'avons aucune prise sur les évènements, tout simplement parce que nous avons mis les doigts dans un engrenage infernal.

Je n'aimerais pas être à la place de celui qui a pris ma place. J'y ai déposé une bombe. Eh oui, rien que ça !

Si l'on s'approche trop près du miroir, on aperçoit non seulement un con, mais également quelqu'un qui s'aperçoit qu'il n'aperçoit plus ses semblables.

Il paraît que nous ne sommes que de passage sur cette Terre. En attendant il fait froid, il pleut, il vente, et de surcroît l'autobus est en retard.

Le temps est un geôlier qui verrouille le cœur à double tour, et ne laisse à notre âme aucune chance de s'échapper.

La société de consommation produit des consommateurs dégoulinants de suffisance et de fatuité.

Les bourreaux quotidiens manipulent le scalpel du mépris plus facilement lorsque l'être humain est faible et soumis.

Le spectacle d'un vampire qui suce le sang de sa victime jusqu'à la dernière goutte est fascinant. Idem pour ceux qui ont le pouvoir…

Le mot de la fin sera bref : ***FIN !***

Mauvaises pensées
(2022)

L'amour tue,
aussi sûrement qu'un assassin.
Et le cœur,
bercé d'illusions,
est rendu muet.
Tandis que l'âme terrifiée périt lentement,
dans la solitude du néant,
où tout s'arrête.
P.P., décembre 2022.

Aveux de l'auteur

J'ai une certaine admiration pour des humoristes tels que Pierre Dac, Raymond Devos et Pierre Desproges. J'ai lu, il y a longtemps, quelques-uns de leurs écrits. Certaines des formules contenues dans ce recueil me paraissaient tellement évidentes, que je me suis demandé si l'un de ces artistes ne les avait pas déjà écrites avant moi. Je n'ai voulu, en aucune façon, plagier quiconque. Si d'aventure des similitudes se rencontraient, ce ne serait qu'une convergence d'inspiration – rien d'autre.

Philippe PFEIFFER,
juillet 2022.

Un mariage de raison est tout sauf raisonnable, les sentiments sont vendus pour le franc symbolique.

Si tous les terriens se donnaient la main pour faire une chaîne humaine, les chaînes de l'asservissement de l'humanité seraient définitivement brisées.

Un plan cul ne sera jamais un bon plan, ce n'est que du sexe à géométrie variable.

Aimer quelqu'un, c'est parfois douloureux. N'aimer personne, c'est mourir.

Les gens de pouvoir abusent de leur pouvoir. Ils violent allègrement la liberté, le droit et la vérité. Il est regrettable que le peuple tarde à porter plainte.

Insulter quelqu'un peut amener à ce que l'on vous intimide. Intimider une personne peut conduire à des menaces de mort, puis à la mort tout court. Nous ne sommes pas sortis de l'auberge, tant et si bien que l'aubergiste voudrait éviter le grabuge dans son auberge.

❋

Le destin d'un être humain se joue même s'il n'est pas né. L'O.M.S. voudrait qu'une femme puisse avorter jusqu'au neuvième mois.

❋

Si Hippocrate revenait, que dirait-il aux médecins d'aujourd'hui ? ***Mais vous êtes de grands malades !***

❋

Un corrompu qui n'a pas eu sa dose de corruption lorsqu'il rentre le soir chez lui, n'est rien d'autre qu'un corps rompu.

❋

La bêtise est la chose la plus partagée au monde. C'est normal, elle est gratuite.

Un con c'est déjà difficile, deux cons ça commence à devenir insupportable, trois cons c'est le suicide, des millions de cons, c'est la fin du monde. Bonjour les dégâts !

Avant de fréquenter les casse-pieds, n'oubliez pas de vous acheter une canne !

La trahison n'est pas bien grave, pour qui trahit.

Il y a tellement de gens qui dorment dans le monde, que les marchands de matelas ne sont pas prêts de faire faillite.

Les croque-morts aiment bien se mettre à table. En effet, la mort est une bonne cuisinière, et la gastronomie de Thanatos succulente.

❃

Un voleur de tableau qui dérobe aussi un baiser risque d'être pris la main dans le sac.

❃

Un avenir radieux c'est comme une pièce de théâtre. Lorsque le rideau tombe, on s'aperçoit que la représentation n'était pas aussi brillante qu'annoncée.

❃

Si les cons osent tout, je leur serais reconnaissant d'être plus discrets à l'avenir, sinon on va croire qu'il n'y a qu'eux sur cette planète.

❃

Le grand remplacement n'est pas celui que l'on croit. Les robots font ça très bien. L'humanité a fait le mauvais placement.

❋

Un jour Dieu s'est dit : « Je vais faire un tour dans ma création ! » Il pleuvait à verse ce jour là. Non seulement il rentra chez lui crotté, mais la terre entière était devenue un torrent de boue. Il jura de ne plus jamais y remettre les pieds.

Si on pouvait fusiller du regard, il y a longtemps que le complexe militaro-industriel serait mort.

« Elle a des yeux revolver » chantait l'artiste. Je ne savais pas que la chanson française c'était le *Far-West*.

Il sera difficile de savoir ce que pense une femme voilée, car elle se voile en permanence la face.

À un parterre de pensées, on voit très bien ce que mijotent les gens.

On ne peut pas comparer la course des nuages à la course en ville, ils n'y gagnent pas de temps.

Une crapule reste une crapule, une ordure une ordure, un crétin un crétin, c'est comme d'essayer de mettre le 2 avant le 1, ce n'est pas possible – à moins de compter à l'envers.

Le pouvoir veut nous faire croire que deux plus deux font cinq. C'est nous faire prendre des vessies pour des lanternes. Manque de pot, cela fait longtemps que ma lanterne est éclairée !

Si on veut trouver un sens à la vie, il faut prendre le sens interdit.

Masquer la population alors que le masque ne sert à rien, c'est comme mettre une muselière à une meute de chiens méchants. Le pouvoir a peur de se faire mordre.

Une dose, deux doses, trois doses, quatre doses, cinq doses, six doses, sept doses, huit doses, je rappelle que la piqûre conduit à l'overdose !

Un drogué n'a pas besoin d'aller à la droguerie. Il lui suffit d'aller au centre de vaccination.

Un tyran est tout aussi efficace que le tirant d'eau d'un navire. On ne voit pas la partie immergée...

Les chiens aboient et la caravane passe. Certes, mais voilà que le président passe, tout en aboyant.

Le pouvoir déroule le tapis rouge au mensonge et à la soumission. Malheureusement, un bon nombre d'imbéciles s'empressent de le fouler.

❋

Si la bêtise est monnaie courante, son cours en bourse ne fera que grimper.

❋

Les soignants suspendus sans solde le sont à un fil, et malheureusement il n'y a personne pour le couper.

❋

Les soignants suspendus préféreraient être suspendu aux lèvres de quelqu'un, plutôt que d'être suspendu à un fil.

❋

Si on veut être sûr que son suicide réussisse, il vaut mieux choisir de se noyer en eaux profondes, sinon il y aura un certain flottement.

❋

Dans le monde actuel, on confond souvent la cacophonie avec la *cacaphonie*. La merde attire plus de monde que les cloches de l'église.

Si l'on ne vous aime pas, dites-vous que le magnétisme ne marche pas toujours.

Si un matin vous vous levez du mauvais pied, restez au lit, cela vous évitera de faire un faux pas dans la journée.

Ne pas croire en Dieu n'est pas très grave, lui croit en vous !

Entre le jour du roi-soleil et la nuit des gueux, il y a un gouffre de ténèbres généreux.

Si l'on me demande la bourse ou la vie, je répondrais : « La mienne est vide, allez à la bourse de Paris ! »

❋

Il y a tellement de gens qui tombent sur la tête, que l'on peut ramasser les fous à la pelle.

❋

Il est évident qu'il y a plus de gens qui obéissent aux ordres, que d'ordres donnés aux gens à désobéir.

❋

Je préfère ma mission sous les dogmes que la soumission aux dogmes.

❋

Certains sont las, d'autres bas, beaucoup là-bas...

❋

S'il y a une fin en soi, c'est que le but recherché est atteint.

S'il y a un loup dans la bergerie, c'est que les moutons l'ont laissé entrer.

Dans un dîner de cons, il n'y a pas que des femmes.

Si vous trouvez sur le quai une bitte d'amarrage, cela ne veut pas qu'il y a un porc dans les parages.

Un homme qui ment ne songe pas forcément à dire la vérité.

Que l'État gère ou que l'État tique, il y aura toujours divers gens en opposition.

Les pompes funèbres ne sont pas une salle pour sportifs qui tirent la gueule.

❋

Lorsque un juge monte une affaire en épingle où l'agresseur s'est fait épingler dans un phare, il doit éviter de piquer un fard pour être pris au sérieux.

❋

Si le vent se vante de souffler fort, alors il vaut mieux entrer au couvent.

❋

Une mer démontée ne peut pas être reconstruite, cela ferait beaucoup trop de vagues.

❋

Remonter la pente pour un alcoolique est toujours très délicat, cela dépend de son penchant pour l'alcool.

❋

L'État n'est pas très coulant... Son nœud étrangle le peuple.

⁕

L'État opprime et le peuple déprime. Personne ne fait bonne impression.

⁕

Lorsqu'on a le feu au cul, il est hautement recommandé de se faire un pompier pour éteindre l'incendie.

⁕

Il est clair qu'une marie-couche-toi-là ne suppose pas que la Vierge Marie était une salope, loin de là.

⁕

Une péripatéticienne ne veut pas dire que cette personne travaille pathétiquement aux abords de la ville, c'est à dire au périphérique.

⁕

Pour le peuple, la cleptomanie est une maladie mentale de haut vol assez répandue dans les hautes sphères gouvernementales.

❋

Si les victimes fonçaient sur le couteau tendu, les assassins auraient beaucoup moins de travail.

❋

Dans *La nuit des longs couteaux*, les assassins étaient à couteaux tirés.

❋

Un dictateur qui dicte de mauvaises lois est un tyran qui tire sur la corde raide.

❋

Si l'Immaculée Conception est blanche comme neige, il ne faut pas en déduire qu'elle est entourée des sept nains.

❋

En 1789, le docteur Guillotin avait perdu la tête lorsqu'il inventa la guillotine.

❋

Si tout le monde perdait la tête, il y aurait beaucoup de travail pour les ramasser.

❋

La fin du monde n'est pas pour demain, elle a commencé hier.

❋

Lorsqu'un alcoolique vous dit qu'il a soif de vous, il vaut mieux s'en méfier, il risque de vous saouler.

❋

Si les gastronomes ne travaillent pas correctement, alors on est cuit.

❋

Lorsqu'un hypocrite vous tend la main, il est préférable de s'abstenir de la prendre.

Lorsqu'un train déraille, cela ne veut pas dire que le conducteur est fou.

Un illuminé qui marche seul dans la rue la nuit, et s'arrête à un lampadaire, fait double emploi.

Prendre son temps, prendre son pied, ou prendre la fuite... Tel est pris qui croyait prendre !

Pour quelqu'un qui en a plein le dos, la vie devient lourd à porter.

Un voyant qui ne voit plus rien risque fort bien de perdre la boule.

Pour obtenir un verre à l'œil, il est préférable d'avoir une bonne vue.

❋

Si l'inspiration tombe du ciel, il faut la saisir, sinon on pourrait passer à côté d'un chef-d'œuvre.

❋

Pour les enculés il existe un plaisir intense à leur conseiller : aller se faire empaler...

❋

Une personne extralucide n'est pas forcément douée d'une lucidité extra.

❋

Rien ne sert de courir après le temps, il est bien plus rapide que nous.

❋

Quelqu'un qui pédale à côté du vélo ne sera jamais à l'heure.

Une pédale qui pédale dans la choucroute sera probablement en retard à la *gay pride* strasbourgeoise.

Quelqu'un qui a des valises sous les yeux, même bien remplies, peut partir en voyage, il passera la douane sans être inquiété.

Comment voulez-vous chercher le chat perdu si la nuit tous les chats sont gris, ou pire, noirs.

Dans la salle des pas perdus il est inutile de chercher celui qui s'est égaré.

Quand l'église fait sonner à toute volée, c'est un appel pour les cloches.

On ne peut pas remonter les bretelles à quelqu'un sur une autoroute, sinon on provoque un accident.

❃

Faire des remontrances à une personne qui vous agace, ce n'est pas lui donner accès à la transe.

❃

Si vous renvoyez l'ascenseur à un ami, évitez de le faire par la poste, il n'arrivera que difficilement.

❃

En amour, comme au golfe, tous les trous sont gagnants.

❃

Un franc tireur et un pornographe ont ceci en commun : ils ont tout intérêt à bien viser !

❃

Pour une bonne cuisinière, manquer de pot est une chose dramatique.

⁂

Je préfère éviter de donner ma langue au chat, je ne veux pas rester muet toute ma vie.

⁂

Il ne faut jamais se disputer avec une pute, sinon on ne pourra pas tirer son coup.

⁂

Un voyant qui n'y voit goutte devrait prendre un verre.

⁂

Si un brigand vous demande de lui donner vos bijoux de famille, dîtes-lui qu'ils sont bien accrochés, vous ne pouvez pas !

⁂

Un viol est non seulement une introduction par effraction, c'est aussi un manque de politesse, car le violeur n'a même pas la décence de frapper avant d'entrer.

Si votre service-trois-pièces est en porcelaine, éviter les coups trop rudes.

Il ne sert à rien de faire une annonce dans la rubrique des disparitions mystérieuses pour rattraper le temps perdu.

Quand le navire sombre, il serait bienséant de ne pas faire une tempête dans un verre d'eau.

Un imprimeur au bout du rouleau fait mauvaise impression.

Avoir l'estomac dans les talons risque de vous couper l'appétit.

Un tailleur qui a la bouche cousue ne fera pas beaucoup d'affaires.

❋

Marcher sur la tête provoque de graves et douloureux maux de tête.

❋

Avoir le choix entre la pilule bleue et la pilule rouge, cela la fait mieux passer.

❋

Pour un coq, avoir la chair de poule ce n'est pas très reluisant.

❋

Si les riches se mettaient à jeter l'argent par la fenêtre il y aurait beaucoup de monde pour le ramasser.

❋

Broyer du noir est un crime contre l’humanité.

❋

Un enquêteur devrait toujours écouter ce que lui dit son petit doigt, même si celui-ci fait de longs discours.

❋

Un laveur de vitres qui passe l'éponge est un homme bon.

❋

Pousser mémé dans les orties, cela ne manque pas d'un certain piquant.

❋

Quand une pelleteuse tâte le terrain elle est sur le bon chemin.

❋

Les bruits de bottes viennent toujours lorsque la voie du peuple est dégagée par les tyrans.

Lorsqu'il pleut des clous, il vaut mieux rester chez soi, sinon on est définitivement fixé sur son sort.

❋

Tenir le crachoir à un phtisique, c'est de l'inconscience.

❋

Un géomètre qui a le compas dans l'œil est un grand admirateur de Picasso.

❋

Jeter le bébé avec l'eau du bain n'est bon ni pour la famille ni pour la planète.

❋

Un mauvais acteur ne devrait pas hésiter à débarrasser le plancher au lieu de l'encombrer.

❋

À force de brûler la chandelle par les deux bouts, l'humanité risque de se retrouver dans le noir.

Il ne faut pas trop mentir comme un arracheur de dents, on peut finir à la compote.

Je vais retourner à la poussière, soit, mais Dieu a-t-il prévu une balayette pour me ramasser ?

Quelqu'un qui voit midi à sa porte peut se passer de montre.

Pour un sculpteur sur bois, tailler une pipe c'est l'enfance de l'art.

Un cueilleur qui tombe dans les pommes a fait sa journée.

Un chasseur qui pose un lapin est très mal vu par ses confrères.

❋

On ne pisse pas dans un violon comme dans un urinoir, c'est irrespectueux envers le violoniste.

❋

Pour peigner une girafe il vaut mieux prendre une échelle, c’est moins fatiguant.

❋

Prendre son mal en patience est une sage décision, mais combien de temps le mal attendra-t-il ?

❋

Un grimpeur n'est jamais aussi heureux que lorsqu'il gravit la montagne le jour de l'Ascension.

❋

Un pompier pyromane qui a le feu au cul n'a qu'à s'asseoir pour commettre son forfait.

❋

Espérer qu'il règne un calme plat en montagne est illusoire.

❋

Si on perd la vie dans un accident, on ne la retrouvera plus jamais.

❋

Dire à une assemblée de sourds :
« À bon entendeur, salut »,
ce n'est pas très grave.

❋

Il ne faut pas tenter le psychopathe en lui disant : « Qui aime bien châtie bien. »

❋

Ne pas passer ses vacances à Stockholm est une décision capitale, surtout s'il y règne le syndrome...

❋

Qu'il pleuve des chiens et des chats, sont des conditions météorologiques que la société protectrice des animaux n'aime pas beaucoup.

❋

Les gens qui ont une dent contre les dentistes doivent éviter de se faire soigner par un dentiste ayant du mordant.

❋

Les imbéciles sont heureux lorsque les éveillés sont malheureux.

❋

Un homme bien monté n'a pas de soucis à se faire pour le montage des corps.

❋

On peut entrer facilement chez les personnes ouvertes d'esprit.

❋

Un chien enragé est moins dangereux que le chien de l'Élysée.

❋

Pour se faire vacciner avec un produit dangereux, il faut être piqué.

❋

Quelqu'un qui sait lire dans les pensées tourne assez facilement la page.

❋

Les acteurs qui font du cinéma jouent dans de mauvais films.

❋

Que l'hôpital se moque de la charité, cela me rend malade.

❋

Énervez un fleuriste, et vous verrez que la goutte fait déborder le vase.

Lors d'une course de chevaux, le naturel revient toujours au galop, même s'il traîne un peu.

Quand l'amour est aveugle, il marche forcément avec une canne.

Un soldat du feu qui se trouve sur des charbons ardents est en état de guerre.

On ne demande pas à un poulet si être sur le grill lui plaît.

Toute patience a ses limites, sauf lorsqu'elle dépasse les bornes.

Si une hirondelle ne fait pas le printemps, un ours ne fait pas forcément l'hiver.

❋

Un loup bavard aime bien revenir à ses moutons.

❋

Qui vivra verra, c'est tout vu !

❋

Ni Paris ni Rome se sont faites en un jour, sinon elles ne seraient pas citées.

❋

Un maçon qui est au pied du mur ne construira plus jamais rien.

❋

Comment puis-je me connaître moi-même si je ne sais pas qui je suis ?

❋

Un sadomasochiste qui a d'autres chats à fouetter s'ennuie fortement.

❋

Il est difficile de trouver des bossus ayant bon dos.

❋

Toute peine mérite salaire, sauf quand c'est la peine de mort.

❋

Un marchand des quatre-saisons n'aime pas lorsque sa marchandise compte pour des prunes.

❋

Aide-toi et le ciel t'aidera… J'attends toujours encore !

❋

Tel père tel fils ; merci, pas pour moi.

❋

Qui m'aime me suive... Pourtant, je ne vois pas beaucoup de monde !

❋

Les pertes de mémoire tombent facilement dans l'oubli.

❋

Ce n'est pas parce qu'on est eunuque qu'on n'a pas de couilles.

❋

Dire à une femme en surpoids que c'est une grosse vache, c'est vache.

❋

Il vaut mieux éviter d'avoir l'idée de se pendre le jour où il pleut des cordes.

❋

Le hasard fait bien les choses, sauf lorsqu'il se trompe.

Il faut être imbécile pour réveiller l'eau qui dort.

Quand les murs ont des oreilles, il est préférable de tenir sa langue en laisse.

Lorsqu'un un sort est jeté, il ne faut surtout pas le ramasser.

Je ne comprends pas, si la vérité blesse tellement de gens, les hôpitaux devraient être encombrés !

Si la vérité blesse, je m'étonne que les urgences ne soient pas prises d'assaut.

Toute vérité n'est pas bonne à dire, c'est pour cela qu'elle sort de la bouche des enfants.

❋

Pour les francs-maçons, être aux premières loges est le nec plus ultra.

❋

Un bûcheron manque de prudence lorsqu'il se fend la gueule.

❋

Pour un yéti, avoir un poil dans la main, c'est un peu embêtant.

❋

Il vaut mieux se méfier des comptables qui ont un compte à rendre.

❋

Si la peur donne des ailes, je m'envole tout de suite !

Un robot qui veut ressembler à un être humain doit rouler les mécaniques.

La vie d'un funambule qui glisse ne tient qu'à un fil.

Les emmerdements et les emmerdeurs vous plongent dans la merde, parfois jusqu'au cou, voire plus.

Même les malentendants peuvent faire beaucoup de bruit pour rien.

Un boulanger qui ne met pas la main à la pâte verra sa boutique fermer sous peu.

Si un malheur n'arrive jamais seul, le bonheur, lui, vient toujours en solitaire.

On tourne en rond quand on déshabille Paul pour habiller Pierre, et quand on déshabille Pierre pour habiller René, qui lui-même déshabille Jean pour habiller Paul.

Si un imbécile ne veut pas changer d'avis, tant pis pour lui, car la vie continue.

Un détective qui cherche des ennuis les trouvera forcément, s'il est bon.

Dire à un détenu qu'il est aimable comme une porte de prison, cela relève de l'insolence.

Si quelqu'un croise mon chemin, il est prié de le défaire, sinon je ne trouverais plus ma route.

❋

Pour un routier, tourner en rond sur un rond-point, c'est le comble de la routine.

❋

Un cultivateur qui cultive le bonheur deviendra riche.

❋

Que la vie ne me fasse pas de cadeau, je l'avais bien remarqué ! je ne reçois jamais rien...

❋

L'homme est un loup pour l'homme, mais lorsqu'il lâche sa proie pour l'ombre, il a faim et se retrouve dans le noir.

❋

Un homme qui broie du noir le jour des Cendres se trouve dans une grande fragilité.

Un pyromane qui n'y voit que du feu ne fait pas beaucoup de dégâts, ou bien le contraire !

Au jour du Jugement dernier, tous les juges auront des comptes à rendre.

Un pornographe déprimé est mal à l'aise lorsqu'il est au fond du trou.

S'il y a une couille dans le potage, il faut éviter de le manger.

Un écrivain qui n'écrit que de lettres mortes ne sera pas beaucoup lu.

Quelqu'un qui veut rattraper son retard doit courir vite, car généralement le retard a une longueur d'avance.

❋

Une montre qui retarde n'est absolument pas en avance sur l'heure.

❋

Si l'arrière-train siffle trois fois, il faut crier gare aux oignons !

❋

Une personne qui lit une lapalissade sur une palissade par un temps maussade, c'est une passade.

❋

Le hic avec Sade, c'est qu'il trouvait trop de masochistes à sa convenance.

❋

S'il n'y avait pas tous ces nuages gris, nous aurions un beau ciel bleu.

❋

Enfoncer des portes ouvertes le jour des portes ouvertes d'un magasin, c'est du luxe.

❋

Une actualité brûlante peut mettre le feu aux poudres.

❋

Une explosion de joie vous éclate toujours à la figure, et peut laisser quelques traces.

❋

Pendre la crémaillère n'a aucune conséquence juridique.

❋

Une *annus horribilis* est particulièrement pénible pour un trou du cul.

Si le rêve de ma vie tourne au cauchemar, c'est que je ne suis pas très bien réveillé.

Avoir le diable au corps suppose une santé d'enfer.

Pour un homosexuel, l'avoir dans le cul n'est pas très agréable, sauf s'il le demande, à ce moment-là, ce n’est que du plaisir !

Si une faim justifie les moyens, c'est qu'elle est terriblement demandeuse.

Être impliqué dans un accident de la route ne signifie pas nécessairement que l'on a eu une mauvaise conduite.

Un artificier qui met le feu aux poudres se trouve sur une poudrière.

❋

Un chausseur qui prend son pied risque de rater sa marche.

❋

Si tous les cordonniers étaient bien chaussés, la marche du monde irait mieux.

❋

Un marchand de potage qui se trouve dans la mouise peut devenir soupe au lait.

❋

Le jour ne se lève jamais avant que la nuit ne soit tombée.

❋

L'État nous fait mordre la poussière jusqu'à l'étouffement.

❋

Que penser d'un médecin qui n'est pas aux petits soins avec ses patients ? Qu'il n'est pas très soigneux ?

❋

Un faux-cul n'est jamais dans le vrai.

❋

Un soldat qui bat en retraite ne se bat plus.

❋

Pour un bûcheron, être abattu c'est l'horreur.

❋

Si un gendarme est appétissant, il est à croquer.

❋

Tous les chinois ne sont pas débridés.

❋

Si vous voyez un cadeau tomber du ciel, c'est que Dieu était de bonne humeur ce jour là.

❋

Un marin qui est à voile et à vapeur vous mènera en bateau, c’est certain !

❋

Un surfeur au creux de la vague prend le risque de se noyer.

❋

Un horloger très occupé ne voit pas le temps passer.

❋

Un horloger doué montre l'exemple.

❋

Un chirurgien qui fait une opération de grande envergure doit faire face à de grandes complications.

❋

Si les illusions sont perdues, n'essayez pas de les retrouver.

❋

Un vampire qui se fait un sang d'encre n'ira pas très loin.

❋

Un juge qui n'a pas de jugeote juge mal les choses.

❋

L'infini ne s'arrête jamais.

❋

Il faut arrêter à temps un robinet qui fuit.

❋

Une goutte d'eau qui fait un délit de fuite, ne coule pas des jours heureux.

❋

Un assassin qui tue le temps va s'ennuyer longtemps.

❋

Éviter de donner du fil à retordre à un couturier, sinon il va vous tailler un costard.

❋

Avoir peur du lendemain, tout le monde devra passer par là à l'avenir.

❋

Un artiste ne doit pas hésiter à saisir le génie lorsqu'il sort de la boîte.

❋

Un marchand de fruits et de légumes doit être prudent lorsqu'il s'adresse à un avocat, sinon celui-ci le prendra peut-être pour une banane.

❋

Un billardiste espère être entre de bonnes mains lorsqu'il passe sur le billard du chirurgien.

❋

Un billardiste qui a les boules perdra la partie en cours.

❋

Un vigneron qui voit ses vignes dévastées par une tempête ne se lamente pas en vain.

❋

Si le vin coulait de source la vérité régnerait sur terre.

❋

Un peintre reconnu et célèbre est souvent une huile.

❋

Pour un peintre, ne pas aimer quelqu'un est dramatique, car il ne peut pas voir cette personne en peinture.

❋

Un gay triste est une gaîté qui meurt.

Si toutes les lois étaient amassées sur un rond-point, on pourrait facilement les contourner toutes en même temps.

Ce n'est pas très sympathique de coller une contre-danse à une ballerine.

Un homosexuel qui part en vacances en forêt aime être sous la tente.

Un mécanicien qui a beaucoup d'humour peut être un pince-sans-rire.

Pour un métallurgiste, il est préférable d'avoir des nerfs d'acier.

Un cycliste peut toujours essayer de remonter la descente d'un cycliste saoul, il aura du mal.

❋

Si un pêcheur noie le poisson, ses filets ne seront pas bien remplis.

❋

Les fruits de la passion poussent dans le jardin de Jésus.

❋

Les aventuriers doivent éviter de consulter la diseuse de bonne aventure.

❋

Un écrivain qui prend tout au pied de la lettre risque fort de se trouver devant des maux insurmontables.

❋

Un soldat qui s'arme de courage est prêt à faire la guerre.

❋

Si la mort frappe à votre porte, n'ouvrez surtout pas !

❋

Quand on perd la vie, on est mort pour toujours.

❋

Lorsque l'on a la vie devant soi, la mort est derrière à pousser...

❋

Au bal masqué, les covidiots sont invités.

❋

Avec un autiste, la communication peut être brouillée.

❋

Si une statue perd son âme elle risque bien de tomber.

❋

Un orfèvre en la matière ne fera que de beaux bijoux.

❋

Les belles lettres sont réservées aux écrivains brillants.

❋

Un escaladeur imprudent peut tomber de haut.

❋

Un électricien qui bavarde beaucoup est enclin à faire des discours à rallonge.

❋

Un volcanologue sulfureux doit se ressourcer auprès d'un volcan éteint.

Un tailleur de pierre qui reste de marbre n'a plus rien à dire.

❋

Quelqu'un à qui on dit que ce n'est pas une lumière peut très bien avoir une illumination.

❋

Si quelqu'un vous dit :
« Vous avez le talent de m'agacer »,
rétorquez-lui :
« Je suis un artiste. »

❋

Ce qui tombe dans l'oreille d'un sourd a l'avantage de ne pas s'ébruiter.

❋

Un secret bien gardé par des geôliers compétents n'a rien à craindre.

❋

Un bruit qui court n'est jamais à bout de souffle.

❋

Le Saint-Esprit avait la présence d'esprit de descendre sur les apôtres.

❋

Un menuisier qui se prend la porte dans la figure devra fermer les portes de son entreprise le lendemain.

❋

Il y a tellement de gens qui s'aplatissent comme une carpette qu'il est assez aisé d'essuyer ses chaussures dessus.

❋

Une foule qui suit les injonctions du gouvernement ne peut qu'être foulée au pied par lui.

❋

Si la civilisation s'écroule, il faudra énormément de bulldozers pour déblayer.

Si une chatte miaule, il ne faut pas en déduire qu'une femme est en chaleur.

L'homme propose et Dieu dispose. Oui, c'est exact, mais en temps normal seulement…

Qu'un voleur prenne la fuite par une porte dérobée est un comble.

Les lèches-cul ont forcément mauvaise haleine.

Un écrivain en herbe trouve plus facilement son inspiration dans une prairie.

❋

Un imbécile enrubanné a plus besoin d'un maître à penser que d'un mètre ruban.

❋

Si le rideau tombe lors d'une représentation de théâtre, c'est que celle-ci était ratée.

❋

Un coureur de cent mètres qui est casse-pieds risque de faire un incident de parcours.

❋

Un joueur de pétanque qui a les boules ne gagnera jamais la partie.

❋

Jeter un mauvais sort à une personne ne marche que si elle le ramasse, ou si elle le prend en pleine figure.

❋

Si l'on pouvait contracter une assurance mort nous serions tous immortels.

Si un forgeron devient forgeron en forgeant, qu'en est-il des crétins ?

Un automobiliste qui veut s'arrêter de vivre devrait le faire au bord d'une falaise.

Dans le désert, les Bédouins n'aiment pas trop que le vent emporte autant de sable.

Si on vous dit : « Tais-toi ! », répondez : « Je ne suis pas une carpe ! »

Si les oiseaux se cachent pour mourir, il est indécent de les chercher, car ils ont certainement une bonne raison de le faire.

La vie d'un homme qui a des envies de suicide est sur le fil du rasoir.

❋

Un orateur qui possède un ton coupant provoque de graves blessures au public.

❋

Un politicien qui veut tenir parole doit la tenir en laisse, sinon il ne la tiendra jamais.

❋

Courir après le bonheur demande un bon entraînement.

❋

Si on se fait arrêter par un poulet pour infraction au code de la route, il vaut mieux lui faire une basse cour.

❋

Se jeter dans le vide laisse un grand vide.

On dit que le diable ne ment jamais, c'est parce qu'il est malin.

Un restaurateur qui restaure bien ses clients est assuré de les voir revenir dans son restaurant.

Pour un naïf, tomber dans le panneau ne manquera pas de lui faire très mal.

L'augmentation du coût de la vie fait mal au porte-monnaie. Certes. Dans ce cas, il faudra rapidement le transporter aux urgences !

Un châtelain qui a un cœur de pierre est très peu édifiant.

Un assassin qui se mord les doigts pour son forfait l'amènera immanquablement aux urgences mains.

❋

Les innocents aux mains sales ne doivent pas se les laver très souvent.

❋

Les promesses non tenues des hommes politiques courent les rues en ne sachant pas où aller.

❋

Les innocents aux mains pleines sont haïs par la caste au pouvoir, c'est pour cela qu'elle les lie.

❋

Il n'y a que les sots pour sauter sur l'occasion qu'on leur tend.

❋

Les hommes politiques trompent plus facilement qu'un éléphant.

Le monde déroule le tapis rouge aux imbéciles, c'est la raison pour laquelle la salle est encombrée d'imbéciles.

Avec ou sans vergogne, l'État ment aux citoyens. Et cela ne fait même pas rougir les hommes politiques.

L'argent liquide file entre les doigts aussi vite que l'eau des chutes du Niagara.

Si un mort se réveille, c'est qu'il est vivant.

Si un jardinier se met tout nu devant les tomates et qu'elles restent vertes, c'est qu'elles ont bon goût…

Donner naissance à la vie, c'est souscrire à l'assurance de la mort.

❋

Les comploteurs qui complotent dans le dos de l'humanité ont un jardin secret où ils cultivent leurs complots.

❋

On peut résister à tout, sauf à la tendresse.
(Clin d'œil à Oscar Wilde : *On peut résister à tout sauf à la tentation.*)

❋

Un joueur de pipeau peut aussi en raconter.

❋

Si l'Assemblée nationale était ronde, l'extrême droite et l'extrême gauche se rejoindraient.

❋

Un pyromane qui brûle d'envie de réchauffer le quartier est un allumé.

❋

Lorsqu'on est dans le besoin, on est dans la merde.

❋

Un incendiaire qui déclare sa flamme à une femme, s'engage dans une passion brûlante.

❋

Si le silence est d'or, les sourds-muets devraient être riches.

❋

Si le silence est un aveu, on devrait pouvoir apprendre beaucoup de choses sur ceux qui se taisent.

❋

Un sou est un sou, et un poivrot est un poivrot.

❋

Un peintre qui s'emmêle les pinceaux produira une croûte.

❋

Un boulanger se met dans le pétrin s'il fait du mauvais pain.

❋

Ventre affamé n'a point d'oreilles...
Cependant, il y a tellement d'êtres humains qui crient famine, et nous, nous faisons la sourde oreille !

❋

Le crime est parfait lorsque vous réussissez à faire mourir de rire votre victime.

❋

La vie est une mauvaise plaisanterie pour tous les clowns tristes.

❋

L'au-delà est au-dessus de l'ici-bas.

❋

Si un point sait tout, collez-lui sans hésiter un point d'interrogation.

❋

Les points sur les « i » se sentent toujours trop sûrs d'eux.

❋

En amour, il n'y a que le premier pas qui compte. Certes, mais il ne faut pas pour autant s'endetter !

❋

En se serrant les coudes, on peut faire une chaîne humaine.

❋

Celui qui montre du doigt une personne pour la dénoncer sans preuves devrait être mal vu des autres.

Un parvenu n'est parvenu à rien si une météorite parvient jusqu'à la terre.

⁂

Le coût de la vie est souvent un coup rude pour ceux qui sont sous le coup de la précarité.

⁂

Faire la grosse commission ne veut pas dire que l'on va rendre un immense service au voisin.

⁂

Faire les grosses commissions ne veut pas dire que l'on va déféquer plusieurs fois, mais que le cabas sera bien rempli, sauf si les prix augmentent.

⁂

Le point commun entre les imbéciles et le mille-feuille c'est qu'ils en détiennent des couches.

⁂

Les mineurs de fond peuvent être jeunes, mais ne le restent jamais très longtemps.

❋

Dire d'une race qu'elle est sale, c'est du propre !

❋

Si un singe fait la grimace, c'est que vous lui gâchez la vue.

❋

Il faut aimer son prochain. Certes, mais lui, aime-t-il son suivant ?

❋

Se regarder dans un miroir ne reflète qu'un imbécile, heureux ou malheureux selon les circonstances.

❋

Si la science était infuse, le thé serait meilleur.

❋

La confiance en soi est plus importante que la confiance en moi.

✵

Laver mon linge sale en public ou en famille me lessive.

✵

L'insulte est au crétin ce que le lard est au porc.

✵

Lorsque les luttes sont intestines, cela ne veut pas dire qu'il y a des problèmes d'intestin à l’intérieur du pays.

✵

Le C.R.S. ne se sert du L.B.D. qu’en raison de son ignorance de l'effet boomerang.

✵

Pour un cuisinier, mettre les pieds dans le plat n'est pas bien vu par les clients.

Prendre les vessies pour des lanternes ne vous met pas dans une bonne lumière.

La société est une fabrique à crétins en pleine expansion.

Si vous lancez une manivelle sur quelqu'un, elle risque de faire le chemin du retour...

L'enfance de l'art est un chef-d'œuvre en devenir.

Créer la surprise n'est pas bien difficile lorsqu'on est un créateur reconnu.

❋

Si vous épatez la galerie, les tableaux seront ravis.

Avoir le cul entre deux chaises peut vous envoyer au tapis.

Être en porte-à-faux ne veut pas dire que vous prenez la mauvaise porte.

Si quelqu'un vous veut du mal, c'est qu'il ne vous veut pas du bien.

Si vous ne pouvez pas garder un secret, embauchez donc un vigile.

Sur l'île de l'amour, le cœur est en vadrouille.

Si quelqu'un vous remet quelque chose en mains propres, c'est que la confiance est entretenue.

❋

Quelqu'un qui est rebuté par la vie peut se retrouver très rapidement au rebut !

❋

Qui m'aime me suive… Je constate que beaucoup sont à la traîne !

❋

Ceux qui ne suivent pas sont à la traîne.

❋

Le porte-parole du gouvernement ne porte pas bien lourd...

❋

Le gouvernement devrait se méfier d'un porte-parole trop bavard.

Pour un forgeron, être pris entre le marteau et l'enclume n'est pas très bon pour les affaires.

Un menuisier qui est marteau ne sera pas dans les clous.

Si vous êtes à l'article de la mort, surtout ne l'achetez pas !

Avoir un pied dans la tombe ne vous mènera pas bien loin.

Une vérité qui saute aux yeux peut rendre aveugle.

Les mets préférés des croque-morts sont : le croque-monsieur et le croque-madame !

❋

Un marchand de tissu qui file du mauvais coton ne vendra pas beaucoup de tissus.

❋

Si la vie vous sourit, c'est qu'elle se moque bien de vous.

❋

Dans les tranchées il n'y avait pas beaucoup d'éclats de rires.

❋

Chercher midi à quatorze heures, c'est du temps perdu.

❋

Une langue de belle-mère fait très bien dans un pot.

❋

Croquez la vie par les deux bouts, elle se réduira comme peau de chagrin.

❋

Si impossible n'est pas français, alors ce qui est possible ne devrait-il pas l'être ?

❋

Un vigneron qui croit en ses vignes produira un bon cru.

❋

Être en état de dépression est souvent dû à l'État.

❋

Si l'appétit vient en mangeant il est inutile de l'inviter à manger.

❋

Les gens qui n'ont rien à dire devraient se taire.

Plus dure sera la chute pour un ami qui vous laisse tomber.

Prendre les jambes à son cou risque non seulement de vous faire mal aux fesses, mais aussi de compromettre la fuite.

Ceux qui en ont autant à mon adresse encombrent ma rue.

Pleurer comme une madeleine, ce n'est pas du gâteau pour Marie !

Ce qui n'est pas beau est moche. Mais ce qui n'est pas moche n'est pas obligatoirement beau.

Le téléphone arabe fonctionne très bien – et partout dans le monde.

❋

L'érection d'une statue peut faire bander quelques-uns.

❋

Quand la peur s'installe dans le monde personne n'est rassuré, même les sapeurs-pompiers.

❋

Si l'aventure humaine se termine par une grande explosion, elle ne sera hélas pas de joie...

❋

Un imprimeur qui déprime ne fait pas bonne impression.

❋

Un saule pleureur est constamment dans la déprime.

Une histoire bien ficelée ne laisse pas apparaître facilement son dénouement.

Dire d'une personne qu'elle pique la mouche, ne veut pas dire qu'elle va la fixer sur une planche !

Avoir peur du noir, ce n'est pas être raciste.

Un électricien qui lâche prise est sauvé.

Dans ce monde il y a des tas de cons qui se font baiser.

Pour un acteur de films pornographiques la vie devient dure le jour où la machine biologique ne fonctionne plus.

⁂

À trop tirer sur la corde on la rompt... Ce n'est malheureusement pas le cas des pendus !

⁂

De nombreuses personnes âgées son abandonnées à leur sort, et celui-ci est peu enviable ; tandis que le sort de ceux qui abandonnent les personnes âgées n'est pas plus enviable, car ils paieront un jour leur vilenie au prix fort...

⁂

Un coiffeur qui a un cheveu sur la langue, ça décoiffe !

⁂

Comme un coup de vent, l'intelligence entre souvent par une oreille et sort de l'autre. Seule la bêtise s'installe durablement.

❋

Le mépris ne s'affiche jamais par méprise.

❋

Si la faim dans le monde persiste, la fin du monde est proche.

❋

Celui qui a souvent tort, n'a pas souvent raison.

❋

Ramoner la cheminée est un plaisir pour un ramoneur libidineux.

❋

Un homme qui perd son latin ne comprend plus rien à la vie.

❋

Un homme qui est à bout, sent sa fin proche.

❋

Dans la vie, il faut aller à l’essentiel, et si possible ne pas rater la marche en cours de route.

❋

Il y a tellement de gens qui ont un grain, que le monde entier sera bientôt un vaste désert.

❋

Une parole déplacée se retrouve souvent au mauvais endroit, au mauvais moment.

❋

Un voleur imbécile ne vole pas très haut

❋

Un homme qui crie au désespoir risque d’être moins entendu qu’un homme qui crie au loup.

Tellement de gens devraient s'acheter un cerveau, mais ne sont pas prêts à débourser le moindre centime…

❋

En amour, la fidélité est importante. C'est pour cela que les chiens sont des trésors.

❋

L'âme sœur, on ne la trouve qu'au couvent !

❋

L'âme frère, on ne la trouve que chez les moines.

❋

Un vendeur d'escalier qui rate ses marches ne montera pas bien haut

❋

Nier la vérité, seuls les niais en sont capables !

❋

Monter en haut est aussi bête que *descendre en bas.* Il vaudrait mieux rester sur place au même endroit.

❋

Une étoile montante brille dans le ciel des artistes, et soudainement s'éteint.

❋

Un bonimenteur vous mentira tout bonnement tout le temps.

❋

Un couturier qui vous raconte une histoire de fil en aiguille, c'est cousu de fil blanc.

❋

Si la nuit tombe, laissez luire votre intelligence.

❋

Un serpent peut donner une mort sûre.

❋

Les girafes sont des animaux qui peuvent marcher la tête haute.

❋

Dans ce monde inversé, un innocent est bien souvent coupable d'être innocent.

❋

Je suis persuadé que les comploteurs adorent ploter les cons.

❋

Un maître-chanteur ne tient pas à devenir célèbre.

❋

Le manque de réflexion reflète une bien triste image des gens qui ne réfléchissent jamais.

❋

Si la mort vous attend au tournant, n'hésitez pas à prendre le sens interdit.

❋

Il ne faut pas que la vie vous quitte, sinon vous êtes mort.

❋

Une rupture amoureuse est toujours un grand déchirement pour le cœur.

❋

Tourner le dos à quelqu'un, c'est bien souvent pour éviter le face à face.

❋

Si un ami vous tourne le dos, c'est qu'il a mis son amitié derrière lui.

❋

Signer un pacte avec le diable n'est pas sans impact.

❋

Les tares du monde, c'est ce qui pèse le plus sur lui.

❋

Lorsqu'un arbre se couche sur la route, cela ne veut pas dire qu'il a sommeil ou qu'il va dormir comme une souche.

❋

Avoir la peur au ventre n'est pas bon pour l'estomac.

❋

Recoudre les défauts de la nature humaine risque d'en faire une créature de Frankenstein.

❋

Un franc-maçon n'est pas un maçon qui construit un mur avec franchise.

❋

Pour l'homme invisible, la transparence est un art de vivre.

La fidélité et l'honnêteté ont tendance à se perdre. Et personne ne lance un avis de recherche !

❋

Celui qui fait l'autruche, c'est à dire enfouir la tête dans le sable pour ne plus rien voir ni entendre, risque fort bien de l'avoir dans le baba !

❋

Les moutons sont légion, mais il n'y a qu'un seul berger : la soumission.

❋

Si chacun avait de la tendresse pour l'autre, les hommes deviendraient enfin humain.

❋

Si chaque être humain écoutait la musique de son âme, la vie sur Terre serait une symphonie.

❋

Un vit pressé fait l'amour à la va-vite.

Le seul moment où l'on n'a pas besoin de mouchoir, c'est lorsqu'on pleure de joie !

Les maux de l'âme sont bien souvent les mots du cœur qui se taisent.

Lorsqu'on vit, le risque de mourir est grand…

Un campeur qui ne tente rien, passera sa vie sous une tente.

Si le mal sur Terre pouvait se faire la malle !!!

❋

Le sang des innocents coule dans mes veines.

❋

Si la vie n'est pas un long fleuve tranquille, elle est certainement une mer houleuse.

❋

La décadence danse.

❋

Un bienfait n'est jamais perdu… sauf lorsqu'on ne le retrouve pas !

❋

Tant qu'il y a la mort, il y a du désespoir.

❋

Chaque chose en son temps dépend du temps qu'il fera demain.

❋

Pour trouver un sens à la vie, il faut engager un détective compétent.

Je peux faire ce que je veux, mon for intérieur est faible.

Pour une voyante, les aléas de la vie sont une crainte majeure et permanente.

Quand le torchon brûle entre deux cuisiniers, ils ne doivent pas en faire tout un plat, sinon leurs clients risquent d'être fort mécontents.

La mort fauche les plus belles fleurs de la vie.

Si un mensonge rêve de dire la vérité, c'est un cauchemar pour tout le monde.

Que l'humanité fonce dans le mur, et c'est l'écroulement assuré de la civilisation !

Un roi qui règne pour mieux diviser le peuple joue une partition dangereuse pour son royaume.

Le diable a un appétit vorace, car il ne jure que par la fin dans le monde.

La recherche du bonheur demande l'aide d'une agence tous risques.

Si le bonheur est dans le pré, il n'y a qu'à le cueillir !

On sait que l'argent ne fait pas le bonheur, mais s'il coule à flot, chaque être humain devrait pouvoir remplir son seau.

L'amour est une merveille qui s'abreuve à la source de la vie.

Un sot spécialisé dans la sottise est frappé du sceau de l'infamie.

Dans le ciel des d'imbéciles, peu sont des étoiles !

Le garde des sceaux est un imbécile notoire.

Jésus-Christ a été cloué sur la croix. Quant à l'être humain, il reste fixé sur sa bêtise. Hélas !

❋

Le commencement de la fin de l'humanité n'est que le début des ennuis pour tout le monde.

❋

La fin de l'humanité a commencé il y a longtemps.

❋

Un banquier n' a pas qu'un seul intérêt dans la vie.

❋

Landru savait de quel bois il se chauffait.

❋

Personne n'est respectable s'il n'y a pas le respect de l'autre.

❋

Un cardiologue qui a une affaire de cœur est prêt à l'attaque.

❋

Pour un obsédé sexuel, les coups sous la ceinture sont chose courante.

Un obsédé textuel n'éjacule que des mots.

Et dire qu'il y a des imbéciles qui se permettent de reprocher à un muet de ne pas être très loquace !

Lorsqu'un architecte mange de la confiture de coing il arrondit obligatoirement les angles.

Les chinois rient souvent jaune.

Un géomètre qui n'a pas de pré carré est perdu.

Un joueur de hockey sur glace devrait s'abstenir de jouer s'il a le hoquet.

❋

En politique, il y a plus de rats que dans les égouts.

❋

Un mot aimable est un joli mot.

❋

Lorsqu'on passe de vie à trépas, on a fait un très grand pas.

❋

Une diarrhée verbale coule souvent de source chez les imbéciles.

❋

N'ouvrez jamais un courrier des impôts, vous risqueriez un abattement fiscal…

❋

Il est clair que les choses ne tournent pas rond sur cette planète…

❋

Lire dans la vie de quelqu'un comme dans un livre ouvert risque de virer plus au conte d'épouvante qu'au conte de fée.

❋

Un épargnant qui gare mal sa voiture ne fait pas un bon placement.

❋

Quand on est sur son lit de mort on pense obligatoirement au repos éternel.

❋

Un fermier n'élève que son bétail, rarement son âme.

❋

Faire tourner la tête à une femme peut la faire se précipiter chez le kinésithérapeute.

❋

Un champion de natation en surmenage ne gagnera jamais la compétition.

❋

Jeanne d'Arc brûlait d'envie de sauver la France.

❋

Un tueur en série déteste les liaisons dangereuses.

❋

Dieu a créé l'homme. Il était saoul ce jour là.

❋

Si Dieu éteint le soleil, on ne confondra plus les âmes noires avec les âmes lumineuses.

❋

Tandis que les banquiers ne prêtent qu'aux riches, aux pauvres, eux, on ne leur prête même pas la moindre attention.

❋

Un océan de bêtise provoque souvent un tsunami.

❋

On ne peut pas dire que la Joconde a de la faconde.

❋

Une note d'humour ravit un musicien.

❋

L'absurdité de la vie est frappante pour un sourd.

❋

Dans les mines, il n'y a pas de détournement de mineurs.

❋

Le bon sens, l'humanité ne l'a pas pris.

❋

Mettre fin à ses jours risque de vous plonger pour longtemps dans la nuit.

❋

Si le complot mondial fait des êtres humains des légumes, j'en voudrais aux cultivateurs qui ont eu l'idée de ce complot, et je m'en irais sur le champ !

❋

La soif d'amour risque d'assécher la gorge de plus d'un prétendant tellement l'amour est à sec dans notre monde

❋

Les veuves noires se trouvent aussi en Afrique.

❋

L'autopsie ne se fait pas par soi-même.

❋

Parler à Dieu, c'est bien. Cependant, je crains qu'il n'entende pas bien.

Tellement de vaccinés prennent les non-vaccinés en grippe !

❋

Un éléphant sans défense est un animal en péril.

❋

Un banquier qui travaille avec l'argent que vous avez mis de coté, prendra le chemin qui le conduira loin.

❋

Les animaux ont de la chance, ils se baladent toujours à poils !

❋

Aux cons, on devrait leur offrir des parachutes qui ne s'ouvrent pas, tellement certains planent.

❋

Un automobiliste irascible devrait avoir une meilleure conduite.

Si la troisième guerre mondiale éclate, la planète Terre sera aussi dégarnie que la tête d'un chauve.

Mieux vaut se faire incinérer après sa mort, car l'état du monde vous inciterait certainement à vous retourner dans votre tombe.

Si un mort se retourne dans sa tombe, c'est qu'il a la nostalgie du vivant.

Si les miroirs se mettaient à réfléchir, ils deviendraient aveugles. (Paraphrase d'une citation de Jean Cocteau : *Les miroirs feraient bien de réfléchir avant de renvoyer les images.*)

✵

On nous dit que tous les hommes naissent égaux en droits. Il faut être imbécile pour ne pas remarquer que l'égalité possède plusieurs niveaux. Par exemple, les gens riches sont tous égaux…

❋

Un ménage à trois est tout sauf adroit.

❋

Un ménage à trois est tout sauf un couple.

❋

Livrer son âme au diable fait de vous un mauvais livreur.

❋

Les instruments du diable sont assez fins pour laisser sur votre âme des cicatrices durables.

❋

La peur changera de camp le jour où le peuple se réveillera.

❋

À Lourdes, l'atmosphère est pesante, et elle le reste.

❋

Le sport en chambre est le plus répandu dans le monde. Pourtant, ce n'est toujours pas encore une discipline olympique...

❋

Dans la vie on se prend souvent des claques, que l'on soit claquemuré ou pas.

❋

Un pornographe musicien aime bien les pianos à queue.

❋

La sonate au clair de lune ne peut se jouer qu'une fois par mois.

❋

Lorsque Élise reçut la lettre, elle ne comprit rien, elle ne lisait pas la musique.

❋

Plus une pensée est mauvaise, meilleure elle est pour les esprits libres.

Plus je parle à Dieu, plus je découvre qu'il est malentendant.

Si je n'étais pas si vieux, je serais plus jeune.

Une gazelle sans zèle fera le repas d'un lion.

Une bite d'amarrage n'est pas un jouet sexuel, quoique...

La cloche de l'église n'est pas une grenouille de bénitier.

Lorsque le curé sonne les cloches, cela ne veut pas dire que c'est l'heure de la messe.

L'heure est grave pour l'humanité si toutes les églises du monde sonnent le glas en même temps.

Les lendemains qui déchantent ne ravissent pas les chanteurs d'opéra.

Il est tout a fait normal que des gens de petite taille aient des petits-enfants.

Parler de rien entraîne des conversations ennuyeuses.

Si Dieu fait la pluie et le beau temps, les météorologues devraient s'adresser à lui pour les prévisions.

❋

Remettre à demain ce qu'on peut faire aujourd'hui sera dépassé lorsqu'on se retrouvera après-demain sans l'avoir fait.

❋

Le futur tout comme le présent deviendront toujours le passé. Mais le passé, lui, ne deviendra jamais le présent ou le futur, à moins d'avoir une machine à remonter le temps !

❋

S'il pleut un jour où il fait beau, c'est que le temps n'était pas aussi beau que prévu. (Paraphrase de la citation de Pierre Dac : *Il vaut mieux qu'il pleuve aujourd'hui plutôt qu'un jour où il fait beau.*)

❋

Le travail est agréable lorsqu'il s'attache à ne rien faire.

Si l'amour pour une personne n'est pas infini, il ne durera pas très longtemps.

Si vous bercez un enfant d'illusions, il les perdra cependant assez rapidement.

Vivre d'amour et d'eau fraîche entraînerait une crise économique mondiale.

L'amour finit toujours par faire des histoires.

On me dit que la nuit porte conseil, mais je ne vois personne au-dehors.

Si votre amour s'aperçoit que vous ne l'aimez pas, il vous fera la moue.

❋

Un soldat n'est pas heureux quand la balle est dans son camp.

❋

Il est difficile d'observer le silence dans une foule en délire, même avec une paire de jumelles.

❋

Deux jumelles qui s'observent risquent de ne pas voir grand-chose.

❋

Contrairement aux hommes, un arbre ne se plante jamais.

❋

Il y a beaucoup trop d'ordures sur cette planète. Les peuples en subissent les sales conséquences…

Les boulangers sont des gens très religieux, chaque jour il font la multiplication du pain.

Quand on naît, on pense. (Paraphrase de la citation de Descartes : *Je pense, donc je suis.*)

Jésus-Christ, beaucoup y croient…

Un vague à l'âme est toujours préférable à un tsunami à l'âme.

Un malade sans mots ne dit pas grand-chose sur ses maux.

Un peintre amateur peut avoir l'estomac barbouillé s'il regarde ses œuvres de trop près.

❋

Un orateur au bout de son latin risque d'avoir une langue morte.

❋

Un fromage bien fait est bon.

❋

Il ne sert à rien de dire à un aveugle qu'il peut acheter les yeux fermés.

❋

Les femmes ne doivent pas consulter un chirurgien esthétique qui perd la face.

❋

Si l'amour part en vadrouille, le cœur l'accompagne.

❋

Un car qui transporte des cas sociaux n'est pas pour autant un car social.

❋

Si un homme commence à parler à sa chaise et qu'elle l'écoute, cela veut dire qu'elle est aussi folle que lui !

❋

Pour faire avancer un marathonien paresseux, proposez-lui des bruits qui courent.

❋

Si le comte est bon, en général son château est sauvé.

❋

Une attaque de trolls sur internet n'est pas très drôle !

❋

Tellement de gens ont le cerveau débranché, et si peu trouvent la prise !

S'il faut un début à tout, sachons que tout a une fin.

Un joueur de dés qui s'aperçoit que son compagnon de jeu joue avec un dé truqué, aura un avis défavorable sur lui.

Ce qui est faux n'est jamais vrai, mais ce qui parait vrai est bien souvent faux…

Le fauvisme n'a rien à voir avec les bêtes, sauf si elles sont fauves.

L'impressionnisme fait bonne impression chez les passionnés d'art.

Un hypocondriaque qui ouvre un dictionnaire médical tombera très vite malade.

❋

Il ne sera pas difficile pour un hyperbourréen d'entrer en Hyperbourrée.

❋

Une viole ne s'attaquera jamais à personne.

❋

Si l'hypnose est générale, l'humanité tombera dans un sommeil éternel.

❋

Les idoles devraient terminer leur vie dans l'âtre…

❋

En prison il y a aussi des cellules cancéreuses.

❋

Un savant atomiste peut aussi être un électron libre.

❋

La vie est un jeu pour nous.

❋

Si la vie est une plaisanterie, elle est de mauvais goût !

❋

Que la vie soit une plaisanterie, soit. Personnellement, elle ne me fait pas tellement rire.

❋

L'amitié est une peau de banane sur laquelle les amis dérapent souvent.

❋

Le jiu-jitsu n'a rien à voir avec la scatologie.

❋

Un jeûneur peut également être âgé.

❋

Un sodomite n'a pas forcément un rapport avec les mites.

❋

Un sociopathe aime bien les pâtes italiennes.

❋

Les maisons closes sont également des maisons de redressements…

❋

Une maison close qui fait une journée portes ouvertes est plutôt rare...

❋

Si la S.N.C.F. fait grève, le trafic des trains est restreint.

❋

Pour les chirurgiens, une transplantation est un bon plan.

❋

À Paris, les paris vont bon train, et à Rome le rhum coule à flot.

❋

Le redressement de la France est aussi peu probable qu'un opéré de la prostate qui retrouve sa libido.

❋

Commercialement parlant, vendre son âme au diable n'est profitable que pour lui.

❋

Une cour d'assises ne juge pas forcément des chaises criminelles.

❋

Une confédération est-elle une fédération de cons ?

❋

Un vampire ne donnera jamais son sang.

❋

L'autodafé d'un livre ne veut pas dire que le livre brûle par combustion spontanée.

❋

L'autodafé ne veut pas dire que la fée brûle toute seule.

❋

Un jeu de cons n'est pas un amusement pour chattes.

❋

La vie est un jeu où les règles sont bien établies : les plus forts gagnent et les plus faibles perdent.

❋

Pour énerver un cycliste, mettez-lui les bâtons dans les roues.

❋

Personne n'est assis dans une ville en état de siège.

❋

Les pompiers aiment bien les couvre-feux.

❋

Le passe-temps favoris des horlogers est de regarder le temps qui passe.

❋

Une période n'est pas de l'iode qui se perd.

❋

On ne peut jamais rattraper le temps perdu, puisque c'est du passé.

❋

Celui qui n'a pas une tonne de courage pour supporter ce monde se retrouvera vite sous forme de carpette.

❋

Une montre passe son temps à voir passer l’heure.

❋

Si le rire est le propre de l’homme, la violence est sa saleté.

❋

Peut-on trouver un garde qui aime se faire entuber jusqu’à la garde ? Oui, oui, c’est possible !

❋

Si on remet toujours ce qu’on a à faire au lendemain, l’avenir sera très encombré.

❋

À la télévision française, c’est le tour de France de la connerie au quotidien ! Oh que oui !

Le violon n'est pas l'instrument qui incite au viol généralisé.

❋

Si quelqu'un perd Patience, qu'il lance donc un avis de recherche !

❋

Le viol de la conscience des citoyens n'est pas puni par la loi. C'est pourquoi, tous les jours les élites la violent sans scrupules.

❋

Un randonneur aime marcher dans les pas de quelqu'un d'autre.

❋

La bêtise humaine est aussi incommensurable que l'infini.

❋

Une épinette adore être propre.

Si vous êtes plongé dans la stupeur, essayez de refaire surface, même si cela paraît difficile.

Si un steak est tendre, c'est qu'il aime être mangé.

L'amour est un réfugié de la guerre que le diable fait à l'humanité.

L'amour provoque l'ivresse et peut être consommé sans modération.

Un témoin de son temps a beaucoup de choses à raconter sur les exactions de ses contemporains.

❋

Un fait divers peut se passer aussi au printemps.

Un marchand de chaussures trop souvent dans le cirage finira aux pompes funèbres.

Un escaladeur qui tire les gens vers le bas n'est pas fréquentable.

Un marchand de chaussures qui ouvre son magasin en grandes pompes, c'est du luxe.

Le mot rabbin lu comme l'hébreu, c'est à dire de droite à gauche, donne : ***nibbar*** !

Le porc-épic ne prétend pas prendre la direction d'une armée.

L'humanité est comme les poulets, elle se fait plumer en permanence.

❋

Pour un botaniste, être mou du bulbe, c'est grave.

❋

Concéder ne veut pas dire qu'il faut céder à un con !

❋

Un camp de concentration n'est pas une concentration de cons.

❋

Concélébrer ne veut pas dire qu'il faut célébrer les cons !

❋

Lors d'une circoncision, le circonciseur est prié d'être concis.

❋

Un joueur de dés en dépression fera une partie démoralisante.

À un diplomate en mission qui rate une mission de grande importance, on lui demandera de démissionner.

Un laveur de vitres trahi aura du mal à jeter l'éponge.

Un spéléologue aime autant les gorges profondes qu'un acteur de films pornographiques.

Les choses que l'on a achetées à bas prix finissent bien souvent à la remise.

Le démembrement de l'industrie pornographique paraît nécessaire.

Pour un demeuré, être assigné à résidence, est dramatique.

Pour être en paix, habitez sur une île de l'océan Pacifique...

Les fous qui dirigent les pays ne demandent jamais l'asile en psychiatrie.

Le Saint-Père en a aussi deux.

La peine capitale ne sera jamais appliquée pour les grands capitalistes.

❋

Vices et sévices sont l'apanage des vicieux.

Une maison de retraite est souvent bien triste pour les personnes âgées qui ont été mises en retrait de la société.

L'enterrement d'une vie de garçon ne peut se faire dans un cimetière.

Quand la chance vous sourit, l'avenir est radieux.

Un vitrier énervé a plutôt intérêt à se tenir à carreaux.

Pour un boulanger, éviter de se faire rouler dans la farine est capital.

Un marchand des quatre-saisons ne doit jamais raconter des salades à ses clients.

Un fleuriste trop curieux découvrira le pot aux roses.

Un professeur d'équitation ne doit jamais monter sur ses grands chevaux.

Un équilibriste est fou de marcher sur un équilibre instable.

Une poule qui marche sur des œufs est inconsciente.

Un pompier qui entend parler de complotisme ne mettra jamais sa main au feu que tout ce que le complotiste lui affirme est exact.

Une fausse sceptique se distingue sans peine d'une vraie sceptique.

Lorsqu'un fromager a un client désagréable dans sa boutique, il ne doit pas en faire tout un fromage.

A-t-on demandé aux astronautes de décrocher la lune ?

Un coiffeur qui coupe les cheveux en quatre vous fera une coupe au poil !

Le Roi Arthur était vaillant, il n'a jamais fait un coup d'épée dans l'eau.

Un mineur de fond qui broie du noir ne sera pas très productif.

❋

L'éclair avait le coup de foudre pour la Terre.

❋

Il vaut mieux se faire opérer par un chirurgien qui a le cœur sur la main, sauf au moment de l'opération, bien sûr.

❋

Avoir la tête dans les nuages fera de vous un grand homme.

❋

Si un fleuriste en herbe n'a pas la main verte c'est qu'il n'a pas de pot.

❋

Un cuisinier qui a la frite fait de la bonne cuisine.

Avaler les couleuvres risque de donner des maux d'estomac.

Un Flamand voit-il la vie en rose ?

Un marchand de semences qui se masturbe tout le temps a un grain.

La poste n'est pas toujours très emballée par les envois en l'air.

Si les cons se multipliaient moins vite que le pain, l'humanité serait sauvée.

Un navigateur n'aime pas quand le vent tourne.

❋

Si on vous mène en bateau, ne prenez pas celui qui prend l'eau, à cause d'un naufrage possible.

❋

Tomber dans les filets d'un pécheur impénitent ne mène pas bien loin.

❋

J'ai parfois l'impression que l'humanité entière se trouve à bord du Titanic.

❋

Des agents de propreté qui font du lèche-vitrine, c'est bien pratique.

❋

Un soldat qui fait du lèche-bottes à ses supérieurs, à défaut de lécher autre chose, montera assez vite en grade.

❋

Un marchand de vêtements qui retourne sa veste s'habille de mauvaises intentions.

❋

Si l'habit ne fait pas le moine, ce n'est pas pour autant que celui-ci va se promener tout nu.

❋

Avoir le cœur porté par de bons sentiments rend l'âme plus légère.

❋

Si une personne vous apporte la poisse, ne la laissez pas entrer chez vous !

❋

Un ivrogne bourré est rempli à l'alcool.

❋

Il ne faut pas faire confiance à un géomètre qui a un sourire en coin.

Un banquier sans scrupules n'en a pas plus lorsqu'il s'occupe de votre compte bancaire.

Dans une partouze, il y a généralement au moins douze personnes, voire moins.

Un porteur de seaux d'eau aime bien l'aisance.

Un politicien carriériste a un cœur aussi dur que de la pierre.

En politique il y a plus de chiens qu'à la S.P.A..

❋

Le président de la République préside seulement à la destinée de la République, pas à celle du peuple.

Avancer l'âge de départ en retraite, c'est reculer sur l'arrivée du bon temps.

Si un bon n'a rien, un mauvais a-t-il tout ?

On ne peut pas plaire à tout le monde si on déplaît à chacun.

Un bruit sourd ne s'entend pas bien.

Un maître queux est heureux lorsqu'il balance la sauce.

Un palefrenier à cheval sur les principes ne s'occupera pas bien de ses chevaux.

❋

Le hasard fait parfois bien les choses, sauf quand il les fait mal.

❋

La vie est un équilibriste qui marche sur la corde raide dans le brouillard.

❋

En amour, allumer quelqu'un peut donner un feu d'artifice.

❋

Un échassier vous regarde toujours de haut.

❋

Quelqu'un qui passe la tondeuse à gazon préfère peut-être qu'on lui coupe l'herbe sous les pieds s'il n'aime pas trop cette activité.

Un contorsionniste adore se regarder le nombril.

❋

Le travail c'est la santé, je me porte très bien en ne faisant rien !

❋

Le travail c'est la santé ! Je ne trouve pas, je suis tout le temps malade.

❋

Il y a des homosexuels qui aiment enculer des mouches… Si, si, cela existe.

❋

Un pâtissier qui aime bien tremper le biscuit est un petit cachottier.

❋

Avoir froid aux yeux par un froid de canard, jette un grand froid dans la vie et de surcroît de sang-froid.

Si tous les chiffres se mettent sur le trente-et-un, celui-ci fera assurément triste mine.

Un mineur qui fait une mine d'enterrement, c'est compréhensible, car il a le moral miné.

Un pêcheur aux yeux de merlan frit ne pêchera pas grand-chose.

Un funambule qui a du mal à joindre les deux bouts déçoit.

Un fumeur cancéreux risque de casser sa pipe.

❋

Un coq peut se permettre d'ergoter.

Une bonne poire n'a pas l'habitude de se presser le citron.

Un sculpteur aime bien mettre ses œuvres sur la sellette.

Un sculpteur qui a une gueule de bois fera peut-être de sa figure un chef-d'œuvre, ou de l'art abstrait...

Un cocaïnomane n'a que de la poudre aux yeux.

Être plein aux as n'est réservé qu'aux as.

Pour une abeille, la lune de miel est quelque chose d'important.

❋

Combien de soldats ont passé l'arme à gauche ?

❋

Un canard trompé reste le bec dans l'eau.

❋

Dans les films pornographiques c'est souvent à la queue-leu-leu…

❋

Les personnages de Picasso ont souvent les yeux plus gros que le ventre.

❋

Un écrivain qui prend tout au pied de la lettre n'écrira pas beaucoup.

❋

Il ne faut pas entrer dans un cercle vicieux, vous risqueriez de vous faire entuber.

❋

Il y a des marins pédés comme un foc.

❋

Une personne qui reçoit une gifle en a sa claque.

❋

La bougie que vous allumez vous doit une fière chandelle.

❋

Un sculpteur doit de temps en temps couler un bronze.

❋

Un pompier peureux ne fera pas long feu dans la profession.

❋

Le capitaine à voile et à vapeur d'un navire embarquera hommes comme femmes, sans distinction.

❋

Un marchand de volets n'engagera que des gens triés sur le volet.

❋

Un pistolet tire généralement plus qu'un coup.

❋

On peut faire confiance à un revendeur de bijoux qui paie rubis sur l'ongle.

❋

Coller aux basques ne veut pas dire embêter les Basques en permanence.

❋

Un mari surpris dans son lit avec sa maîtresse est-il dans de beaux draps ?

❋

Un chaud lapin vide son sac lorsqu'il se masturbe.

❋

Pour un cancrelat, avoir le cafard, c'est un comble.

❋

Un démineur qui vend la mèche n'est pas compétent.

❋

Un acteur porno en panne n'a pas de cul.

❋

Un chapelier qui démarre sur les chapeaux de roues vendra beaucoup de chapeaux.

❋

Un obsédé sexuel est souvent à la bourre.

❋

Un manchot qui est à bras raccourcis ne fait pas forcément un effet de manche.

Une triple buse est sans doute trois fois idiote, ce qui est beaucoup de trop !

❋

Une femme de ménage n'est pas forcément conne comme un balai.

❋

Une actrice de films pornographiques tient souvent le bon bout.

❋

Tomber enceinte pour une femme, c'est mauvais pour le bébé à naître.

❋

Un buraliste qui marche bien fait un tabac.

❋

Un confiseur désagréable casse les bonbons.

❋

Payer en nature, c'est aussi payer en liquide…

❋

Un militaire aime boire de temps en temps un canon, sinon il explose.

❋

Un chirurgien a l'habitude de renter dans le vif du sujet.

❋

L'un dans l'autre, une partouze c'est chouette pour celles et ceux qui aiment le mélange.

❋

Un chirurgien passe souvent un coup de fil.

❋

Un soleil de plomb plombe l'ambiance, c'est sûr.

❋

Un pâtissier ne doit pas trop ramener sa fraise, sinon les clients ne viendront plus dans sa pâtisserie.

❋

C'est vache de demander à un manchot de prendre les choses à bras-le-corps.

❋

Un alcoolique siffle souvent les bouteilles, et généralement elles viennent sans broncher.

❋

Une brève de comptoir ne reste pas longtemps dessus.

❋

En matière de picole, un ivrogne prend de la bouteille.

❋

Qu'un fleuriste soit sourd comme un pot, cela ne dérange pas les fleurs.

Un électricien qui n'est au courant de rien ne fera pas beaucoup d'étincelles.

Un pâtissier scrupuleux aime bien mettre une cerise sur le gâteau.

Un égorgeur motivé vous prend à la gorge.

Un dermatologue prudent sait pourquoi il ne risque pas sa peau.

En général, un chien aime tomber sur un os, mais cela dépend des circonstances...

❋

Un vigneron qui a un pépin doit lâcher la grappe.

❋

Il plaira à un sadomasochiste de prendre les choses de plein fouet.

❋

Quoi qu'on en dise, un laveur de vitres n'aime pas trop essuyer un refus.

❋

Un fleuriste trompé s'écriera : « C'est le bouquet ! »

❋

On peut sans problème passer un savon à un savonnier qui fait mal son travail,.

❋

Pierre n'était pas mal loti.

❋

Si trop d'élèves sèchent les cours, le courant ne passe plus.

Quand les évènements prennent une mauvaise tournure, il faut prendre le bon tournant.

Les amoureux récoltent la tendresse quand ils s'aiment.

Un imprimeur mis sous pression déprime.

Le père-la-pudeur est en conflit avec la mère-la-débauche.

Une *persona non grata* ne veut pas dire qu'elle ne gratte plus rien.

Un masturbateur pressé adore essorer la poignée.

Il n'y a pas de petit plaisir, surtout pour monsieur Onan...

Cela donnera des boutons au tailleur maladroit qui rate une veste ; et il sera prêt à en découdre.

Un aristocrate n'a pas besoin gagner ses lettres de noblesse.

Un garagiste apprécierait très peu que sa femme soit un garage à bites.

Un chat libidineux grimpe aux rideaux.

❋

Un robot a forcément une santé de fer.

❋

Risquer un œil là où il ne faut pas, peut vous rendre borgne.

Si vous tringlez la gueuse, n'oubliez pas de fermer les rideaux.

S'écouter parler mène au monologue.

Balancer la sauce permet de l'allonger.

Si vous faites une turlutte, vous vous bourrez la gueule avec une liqueur naturelle.

Bouffer la chatte ne veut pas dire faire de votre chatte un ragoût.

L'argent ne fait pas le bonheur, mais il y contribue – surtout lorsque vous en manquez.

Il vaut mieux se prendre une prune qu'un pruneau.

Un alcoolique, une fois le verre vidé, reste sur sa soif.

Un personne culottée devrait prendre une déculottée.

Un déménageur doit éviter de se mettre à dos son client.

❋

Un innocent se tire parfois difficilement d'affaire.

❋

Le fils à papa donne la main à la fille à maman.

❋

Un esquimau peut aussi être en froid avec quelqu'un.

❋

Être en rupture de ban ne veut pas dire que l'on ne peut plus s'asseoir nulle part en ville.

❋

Jésus était parfaitement dans les clous sur sa croix.

❋

Être hors de soi, cela provoque un dédoublement de personnalité.

❋

Ce n'est pas bien d'abandonner un alcoolique sans le sou.

❋

Une grenouille mécontente est verte de rage.

❋

Prendre un air entendu, même un sourd le comprend.

❋

Prendre le ciel à témoin, c'est risquer une attente fort longue pour la réponse.

❋

La pandémie a fait tomber les masques. Les gens se révèlent sous leur véritable jour.

❋

Ce monde est un marché de dupes géant où tout se vend et s'achète.

❋

Prendre de l'âge n'est pas un beau cadeau de la vie.

Pour un funambule, faire un faux pas a des conséquences dramatiques.

Les habitants du pôle nord ont parfois aussi des sueurs froides.

Un bon barbier rase au poil.

Certains camps marchaient à plein gaz sans que personne aux alentours ne s’en plaigne ou ne s’en émeuve.

Un organiste en tuyaux d’orgue joue-t-il mieux ?

L’inconnu au bataillon, c’est le soldat inconnu.

❋

Un incendiaire est tout feu tout flamme pour un incendie.

❋

Une femme de ménage à qui on refuse une augmentation de salaire essuie un échec.

❋

Un bon laitier fait son beurre.

❋

Le directeur de l'opéra fait sans cesse chanter quelqu'un.

❋

Un coït interrompu impose de prendre du recul.

❋

J'ai mal au cœur de voir tellement de gens sans cœur.

❋

Les gaulois avaient la gaule.

❋

L'islam va croissant.

❋

Une montre qui s'est arrêtée attend son heure.

❋

Les montagnes russes, même sans difficultés, ont des hauts et des bas.

❋

Un condamné à l'échafaud perd la tête, c'est sûr.

❋

Les mineurs de fond n'ont pas souvent bonne mine.

❋

Un condamné aux oubliettes a touché le fond.

❋

Un boulanger malchanceux rêve de vendre sa marchandise comme des petits pains.

❋

Un masturbateur frénétique tient la barre haute !

❋

Une relation qui se casse la figure laisse à désirer.

❋

Ouvrir les vannes mène à la rigolade générale !

❋

Une musique grandiose est une musique haut de gamme.

❋

Un religieux menteur est de mauvaise foi.

Les bouchers militaires fournissent de la chair à canon.

Un mauvais peintre est mis sur la touche.

Quand on coupe l'appétit, on n'a plus faim.

Une beauté à couper le souffle vous conduira droit en pneumologie.

Un dentiste qui ne desserre pas les dents est aussi pénible que mauvais.

Un coureur de fond sur les rotules est en mauvaise posture.

❋

Un tailleur qui est de la jaquette fabriquera de belles braguettes.

❋

Tous les jours les toilettes voient l'entrée en matière.

❋

Le capitaine d'un navire qui a un gros coup de barre met en danger son équipage.

❋

Un train ne connaît pas les chemins de traverse

❋

Pour un charcutier obsédé sexuel, la chair est faible.

❋

Un gros légume manque souvent de culture.

❋

Dès le petit-déjeuner on en a ras-le-bol de ce monde.

❋

Compter les moutons devient trop difficile ces derniers temps, tellement ils sont nombreux !

❋

Un jeu de mots ne fait pas mal.

❋

Entrer par la grande porte ou par la petite porte, cela dépend des affinités…

❋

Un pyromane déteste quand les prix flambent.

❋

Icare s'est brûlé les ailes lorsqu'il s'est rapproché du soleil.

❋

Un trou du cul est un trou perdu.

❋

La boulangère est ravie lorsqu'elle a une brioche au four.

❋

Le dermatologue n'aime pas qu'on dise qu'il a mis sa femme en cloque.

❋

Un homosexuel ne voit pas d'inconvénient à ce qu'on vienne par derrière.

❋

Un homosexuel est émoustillé lorsqu'il a sur internet trois cent bits par seconde.

❋

Un enquêteur qui travaille sur une enquête mal ficelée est une tête de nœud.

Un pâtissier avec une tronche de cake aura tendance à faire fuir la clientèle.

Lorsqu'une idée vous trotte dans la tête et qu'elle n'est pas bonne, demandez-lui de faire une pause.

Dans ce monde, il y a tellement de trous du cul qui baissent leur froc.

Il y a tellement d'individus dans ce monde qui sont bêtes comme leurs pieds, d'ailleurs le reste n'est guère mieux !

Quand un petit pois court sur le haricot, ce n'est pas bon signe.

Si les paroissiens ne vont plus à l'église, quelque chose cloche.

❋

On ne demande pas à un cuisinier de chanter comme une casserole, on lui demande juste de faire sa petite cuisine.

❋

Il arrive qu'un angiologue n'ait pas de veine.

❋

Un vampire au sang chaud ferait bien de mesurer ses ardeurs, surtout s'il suce sa victime de sang-froid.

❋

Une montre qui refuse de donner l'heure est un leurre.

❋

Prendre le marquis n'est pas pareil que prendre le maquis, mais les deux en même temps, c'est possible.

Lorsque Ève a proposé la pomme à Adam, c'était bien évidemment une pomme de discorde.

Je veux bien prêter la main, mais je demande à ce qu'on me la rende.

Se faire appeler Arthur, ce n'est pas très cavalier.

Les sapins de Noël sont masochistes, ils aiment bien se faire enguirlander.

Lorsqu'on ne peut pas tirer son coup, il vaut mieux tirer sa révérence.

❋

Passer sur le billard me donne les boules.

❋

Dans les rues les chiens font des crottes que leurs maîtres ne ramassent pas, et les passants marchent souvent dedans en grognant.

❋

Tomber en désuétude va souvent de pair avec tomber en décrépitude.

❋

À Versailles, on faisait toujours la cour.

❋

La beauté du diable séduit beaucoup de personnes.

❋

Un boulanger occupé a du pain sur la planche.

❋

Un pressing débordé s'attelle à la tâche.

❋

En 1789 le guillotineur était un bourreau de travail.

❋

Une bête de somme ne veut pas dire qu'elle vient de la Somme ni qu'elle va sommeiller.

❋

Un marathonien a la hantise de perdre pied.

❋

Le président de la République devrait être la grue qui aide le pays a se remettre sur les rails.

❋

Un graveur sur cuivre ne peut pas se permettre d'être à coté de la plaque.

❋

Les Occidentaux sont à l'ouest, et les Russes à l'est.

À l'hôpital, le patient n'est pas toujours sous de bons auspices.

Un patient impatient risque d'être traité avec peu de soins.

À cause de ceux qui nous mettent dans le caca, nous sommes tous dans la merde.

Avec son déluge de mensonges et de coercitions, le gouvernement met tout le monde dans le même bain.

Un phtisique coupable hésite à cracher le morceau.

Un chausseur a coté de ses pompes ne marchera jamais droit.

❋

Pour le cercle du pouvoir, la roue va tourner.

❋

Un mécanicien distrait met le doigt dans l'engrenage.

❋

Les adeptes de la scatologie adorent se mettre en selle.

❋

Combien de gens de pouvoir ont une case en moins, et combien de gens du peuple aimeraient leur mettre une tête au carré ?

❋

S'il n' y a plus d'empathie, l'humanité est au point mort.

❋

Un automobiliste qui ronge son frein fera un accident.

❋

Un dentiste sur les dents n'aura pas de couronne.

❋

Les gens honnêtes et éveillés ont ceci en commun avec les escargots : ils en bavent.

❋

Question génocide, les nazis mettaient malheureusement et honteusement les gaz.

❋

Il y a tellement de gens qui ont une fissure mentale que j'en tremble !

❋

Je n'en peux plus du pouvoir !

❋

Le gouvernement compose une musique qui balade le peuple.

Il n'y a rien de pire pour un violoniste que de ne pas être d'accord.

L'amour-propre est parfois entaché.

Si la modestie ne vous étouffe pas, c'est que vous respirez trop la prétention.

Un monstre d'intelligence ne se rencontre jamais dans les foires.

Un cuisinier malhonnête se prendra une casserole.

❋

Le mari d'une cuisinière est cocu lorsque celle-ci passe à la casserole lors de son entretien d'embauche.

❋

Les politiciens font beaucoup de bruits tellement ils traînent de casseroles.

❋

La communication passe mieux quand les langues se délient.

❋

Un avocat véreux est le ver dans le fruit de la Justice.

❋

Au grand livre de la vie, les voix conformistes ont bien souvent plus droit au chapitre que les voix dissidentes.

❋

Un bon brasseur n'aime pas brasser de l'air.

⁂

Un homme qui ne donne jamais sa parole est un égoïste.

⁂

Boire les paroles d'un dictateur n'étanche pas la soif de liberté.

⁂

À un imbécile bavard on ne peut dire qu'une chose : taisez-vous !

⁂

Baisser le ton, ne veut pas dire que le poisson doit traîner parterre.

⁂

Peut-on demander à un chinois de plier l'échine. ?

⁂

Un mannequin furieux qui craque son slip risque de se retrouver tout nu devant tout le monde, ce qui n'est pas forcément déplaisant pour tous les spectateurs…

❋

Les esclaves d'Afrique étaient fourrés dans une galère noire.

❋

Il ne faut pas s'astiquer la nouille quand on est pâteux.

❋

Avec un sang d'encre on écrit une œuvre au noir.

❋

Un homosexuel prétentieux n'est pas à prendre aux mots.

❋

Un travailleur mal employé ploie.

La politique est peuplée de dindes que le peuple est obligé de se farcir.

Un canard truffé de mauvaises intentions peut être sans foi ni loi.

Considéré, ne veut pas dire être sidéré par un con.

Faire la grasse matinée est réservé aux gens grassement payés.

Avoir son content en banque, ne fait pas forcément le bonheur, mais il y contribue quand même un peu.

Un déménageur obstiné revient toujours à la charge.

❋

Déposer une plainte, c'est ce que je fais chaque matin aux toilettes.

❋

Complaire, c'est être agréable aux cons, de même, concerné, c'est être cerné par eux !

❋

On peut faire ce qu'on veut, un garagiste a parfois besoin de recharger les batteries.

❋

Un pétomane est content quand la paix règne.

❋

Je suis atterré de ce que les humains font à la Terre.

❋

Un fêlé de la cafetière ferait mieux de se tasser.

Un homme sans parole devrait se taire.

Un psychopathe aime bien remuer le couteau dans la plaie.

Un typographe qui a mauvais caractère laissera une mauvaise impression.

Une marchande de fleurs qui n'a pas de chance, en a assez de payer les pots cassés.

Un buveur sera toujours prompt à vous dire : « Ça s'arrose ! »

✻

Louper le coche peut virer au cauchemar.

❋

Dites au chéri : *la vie serait une tuile sans toi...*

❋

Par les temps qui courent, assurer ses arrières est une course de fond, surtout pour un homosexuel.

❋

La vie est une galère qui nous fait ramer sans cesse.

❋

Un marbrier qui crève la dalle est un peu à plat.

❋

La petite mort est une petite libération.

❋

Une personne malchanceuse addicte aux jeux a les jetons.

❋

Quelqu'un qui coupe la poire en deux, le fera peut-être à demi-mot.

Un jardinier séduisant aime rouler des pelles lorsqu'il fait une bonne pioche. Mais il arrive qu'il se prenne un râteau...

Un bon mot ne peut venir que d'un bon cœur.

Un meunier muet ne dispose pas d'un moulin à paroles.

La mort ne change jamais d'opinion sur la vie.

En Bretagne, il n'est pas possible de piquer un phare.

Le seul rendez-vous qu'il est impossible de rater dans la vie est celui avec Dame Mort, la grande faucheuse qui fauche si bien et laisse les gens fauchés...

❋

Un organiste jubile d'avoir atteint le point d'orgue.

❋

Un ton amer se pêche en eau trouble.

❋

La maladie d'amour n'a pas besoin de remèdes.

❋

Être un goret sur l'île de Gorée, c'est être dans une situation délicate.

❋

Si on rend l'âme, on ne la reverra plus jamais de sa vie.

❋

Un inspecteur des impôts ne vous paiera jamais un pot.

❋

Le diable aime tenter tout le monde, même les tantes.

❋

Un gynécologue fêlé en a marre de voir des fentes.

❋

Des bourses vides n'ont pas de liquide.

❋

L'hôpital n'est pas toujours un univers hospitalier.

❋

Un auteur cloué au pilori ne se relèvera plus.

❋

La vie ne fait pas toujours envie.

❋

Je n'achèterai jamais de bonbons chez un confiseur casse-bonbon.

❋

Pour moi, le banquier a perdu tout crédit.

❋

La République adore embrasser, mais elle donne toujours le baiser de Judas.

❋

Un mort-vivant qui a une mine de déterré fera toujours pâle figure à la face du monde.

❋

La justice, la liberté et la vérité errent comme des fantômes dans les limbes de la décadence du monde.

❋

J'adore les toutous... J'ai du chien !

❋

Lorsque je suis malade comme un chien, je suis aux abois !

❋

Un coiffeur chauve qui a du toupet, c'est un comble !

❋

Il est préférable pour un plombier d'avoir de l'aplomb.

❋

Les blouses blanches sont blousées en permanence par le ministre de la santé.

❋

La mer à boire n'effraie pas un ivrogne, car il boit un océan d'alcool.

❋

L'alcool, c'est cool !

❋

Les vampires au sommet de l'État pompent tout ce qu'ils peuvent au peuple, qui se retrouve de ce fait exsangue.

❋

Dieu ne se fâche pas lorsqu'on lui dit : à tout seigneur tout honneur !

❋

Une personne qui est une huile n'a pas besoin de graisser la patte à quelqu'un

❋

Pour les soldats du feu il n'y a pas de fumée sans feu, c'est clair.

❋

Les loups ne se mangent pas entre eux, c'est bien dommage !

Beaucoup de personnes ne savent ni A, ni B, et certains pas même Z.

Le mieux est l'ennemi du bien, surtout quand le moins bien est l'ami du mal.

Le soleil luit pour tout le monde, sauf lorsque la nuit est tombée !

Les beaux esprit ne se rencontrent jamais dans un château hanté où les mauvais esprit ne manquent pas.

❋

Un champion de natation ne peut pas nager entre deux eaux, sinon il coule la compétition, et sa carrière fera un flop.

Un violoniste qui a commis un meurtre se retrouvera au violon.

Les médecins d'eau douce ont de la bouteille !

Pour un aventurier des mers, perdre la boussole est une galère, et il risque de voguer vers l'hôpital psychiatrique.

Un forgeron qui ne bat pas le fer quand il est chaud forgera un enfer qui le mènera droit à sa perte.

L'homme est un loup pour l'homme, ce n'est pas pour autant qu'il faut hurler avec la meute.

Un nain aime bien qu'on lui dise qu'il faut toujours un plus petit que soi.

❋

Dire aux victimes d'un génocide que l'union fait la force est une grande infamie !

❋

Lorsque l'âme se morfond, le cœur pleure.

❋

Le temps n'est pas un grand maître, mais plutôt un grand traître !

❋

Si la bonté et l'amour pouvaient porter toute la misère du monde sur leurs épaules, celui-ci serait sauvé.

❋

En Inde il n'est jamais trop tard pour jouer du sitar.

❋

Avoir martel en tête ne veut pas dire que Charles hante votre esprit.

❋

Un archer a plusieurs cordes à son arc, c'est vrai, mais un violoniste en a également plusieurs à son violon.

❋

Un ménagère qui aime bien laver son linge sale en famille bassine les gens.

❋

Un bon violoniste touche toujours la corde sensible.

❋

Dans un bordel, on tombe sans arrêt des nues.

❋

Un homme averti en vaut deux, deux hommes avertis en valent quatre, trois hommes avertis en valent six, quatre hommes avertis en…

Tout vient à point pour qui sait attendre… Même pour un steak !

Un malheur ne vient jamais seul, mais toujours accompagné d'un ou plusieurs amis, pour notre plus grand malheur !

Si vous voyez une chatte en chaleur sur un toit brûlant, c'est que la cafetière chauffe.

Un magicien n'est jamais aussi heureux que lorsqu'il se porte comme un charme.

Une lettre d'amour se plie en quatre pour arriver au destinataire.

S'enfermer dans une tour d'ivoire est une manière noble de s'isoler.

❋

Un croyant qui perd la foi peut se faire de la bile.

❋

Un bon coiffeur ne peut pas se permettre de raconter des choses tirées par les cheveux.

❋

Les politiciens qui promettent monts et merveilles ne laissent en général qu'une vallée de larmes.

❋

Un serrurier qui met la clef sous la porte ne rouvrira pas ses portes de sitôt.

❋

Si Dieu met le jour sous le paillasson, la vérité sera piétinée par la nuit.

Un cuisinier qui n'est pas dans son assiette ne fera pas de bons plats.

Le comble pour un ouvrier qui travaille dans une usine à chaussures est de recevoir une mise à pied.

C'est tout à l'honneur d'un musicien d'être réglé comme du papier à musique.

Jeanne d'Arc était tout feu tout flamme pour la France.

Un cuisinier en chef qui rate un plat fera un four.

Les pompiers sont souvent entre deux feux.

Vous voulez boire à ma santé ? Eh bien, je vous préviens, vous risquez d'être saoul !

Heureusement que Noé n'a pas dit : « Après moi le déluge ! »

La vie est une pièce de théâtre. Cependant, les comédiens pourraient être meilleurs !

Un vieux qui fait un jeûne, peut-il faire des envieux parmi les jeunes?

Un pâtissier qui fait du flan, il faut lui rendre la monnaie de sa pièce.

Un charpentier bas de plafond vous construira une maison mal charpentée.

❋

Un joueur « échec et mat » n'est pas très brillant.

❋

Les gens de pouvoir qui sont copains comme cochon roulent le peuple dans la fange.

❋

Un gay pris au piège est tombé dans un guet-apens.

❋

Pour un tailleur qui découvre que sa femme le trompe, c'est un autre paire de manche, et il en prend la mesure.

❋

Les milieux de la drogue adorent aller chez le blanchisseur.

❋

Lorsque une nation coule, les pêcheurs en eaux troubles sont légion.

❋

Un bijou volé brille par son absence.

❋

Les dadaïstes avaient leurs dadas.

❋

Le contrat d'un banquier est toujours sujet à caution.

❋

Un chauve qui n'a jamais eu de chance dans sa vie, n'est pas né coiffé.

❋

L'État nous prend pour des pigeons, et en même temps il nous coupe les ailes !

❋

Un constructeur de route aura du mal à tenir le haut du pavé.

❋

Il ne faut pas hésiter à taper sur le système.

❋

Si le ciel me tombe sur la tête, il m'arrive une grosse tuile.

❋

Dans le haut du panier de la politique il y a bien trop souvent des œufs pourris.

❋

Une couturière futée tire toujours son épingle du jeu.

❋

L'amour est tendre comme la rosée, il se dépose sur les plus belles âmes qui fleurissent dans ce monde.

❋

L'État ne se met pas en quatre pour faciliter la vie des citoyens qui se sentent écartelés par un système absurde et fou.

❋

Dans ce monde de tordus, personne n'est droit.

❋

Si un Maure est vivant, c'est qu'il n'est pas vraiment mort.

❋

Y-a-t-il encore un mâle bien dans ce monde ?

❋

Une bonnetière n'est pas un endroit pour ranger une bonne mauvaise.

❋

Un brasseur mort sera mis en bière, c'est inévitable.

❋

Un bachelier qui écrit une dissertation sur le foie gras mais truffée de fautes de français, ne fera pas ses choux gras.

❋

À choisir entre la vie et la mort, je préfère la mort, elle me fait plus envie.

❋

La vie est souvent au point mort.

❋

La mort est comme un innocent aux mains sales lavé de tout soupçon, et blanchit en permanence par la vie.

❋

Avoir les mains libres est lié au désir de liberté.

❋

L'obligation vaccinale est un crime contre l'humanité, dont les coupables restent aussi impunis que les pires crapules que cette Terre ait jamais engendrées.

❋

Il y a tellement de fumiers dans ce monde, qu'il pue fortement.

❋

Le bon sens est ce qui manque le plus aux politiciens, qui ont hélas également perdu le sens des réalités.

❋

Je ne crois ni en Dieu, ni en la démocratie, ni en la bienveillance de l'être humain, je ne crois qu'en moi.

❋

La lumière est une malédiction pour les ténèbres, et inversement.

❋

Tout n'est qu'illusion, sauf la mort – jusqu'à preuve du contraire.

❋

L'amour, le travail, la politique, la religion, l'art ne sont que des prisons où l'être humain est enfermé à vie.

❋

Le bain-marie ne signifie pas qu'il faut laver Maria.

❋

Les cons joints forment le plus grand rassemblement d'imbéciles de la planète.

❋

Faire confiance aux cons, c'est de l'inconscience, et n'incite évidemment pas à la défiance !

❋

Les êtres humains sont tellement différents, qu'une majorité tombe dans l'indifférence au sort d'autrui.

❋

Les élites internationales aiment faire la fête, elles sacrifient en permanence le mouton.

Beaucoup de personnes se jettent dans la gueule du loup, et une fois à l'intérieur, elles s'étonnent d'être broyées.

Dans ce monde de fous, les gens ne pensent qu'à se dépêcher, ce qui augmente considérablement les précipitations d'imbéciles... jusqu'au déluge !

Le seul endroit qui est autorisé à se jeter des fleurs, est le jardin.

Quelqu'un qui se jette à l'eau sans réfléchir risque de prendre une douche froide.

*

Le suicide est une mort prématurée.

*

Se donner la mort, ce n’est pas prendre sa vie en mains.

*

Il n’y a qu’un roi qui voulait éviter de se prendre la tête : Louis XVI !

*

Les covidiots sont assez enclins à croire que le noir est blanc, même si on leur dit que le blanc est toujours blanc et le noir toujours noir.

*

Lorsqu’on essaie de convaincre les cons, il faut beaucoup de courage, sinon on finit par se faire vaincre par les cons.

La souffrance et la solitude sont des sœurs siamoises.

Si je ne me sens pas bien, c'est que le monde pue.

La mort est un bien que l'amour ne possède pas.

Si tous les hommes se mettaient à pleurer en même temps à cause de ce monde abject, fou, vil, bas, inhumain et violent, il serait noyé dans un déluge dévastateur !

Big Brother et *Big Pharma* sont des frères siamois.

Que les Français ne possèdent plus leur langue, ne les empêche pas de raconter des conneries.

Aucun politicien n'est marqué à l'A, mais plutôt au Z...

❋

Question humanité, bienveillance et secours, tellement de gens l'ont dans le baba, que c'est la débandade complète dans le pays !

❋

Les politiciens ont deux particularités : ils font la nique au peuple, et ils le niquent en permanence !

❋

Sur le grand échiquier mondial, les faux-jetons sont légions !

❋

Une république bananière, c'est le régime actuel...

❋

Un curé qui a le moral à plat, transmettra plus facilement le bourdon à ses ouailles...

Tellement de politiciens tournent le dos à la vérité et au bon sens, qu'on pourrait les appeler les politiciens de l'autruche !

Se farcir les dindes à Noël ne suffit pas, il faut les subir également le reste de l'année...

Le point commun entre un éjaculateur précoce et une fusée est qu'ils décollent tous les deux assez rapidement.

Avec l'euro, le confinement, les masques, la vaccination, le passe sanitaire et carbone, les peuples l'ont dans le baba, et cela restera dans les annales.

La tautologie n'est pas la science des blagues à Toto !

❋

Les cadavres n'ont plus de morgue.

❋

Un droitier peut être gauche, tandis qu'un gaucher peut vous mettre une droite.

❋

Une fistule n'est pas un bon canal.

❋

Les petits-fours adorent la promotion canapé.

❋

Les chasseurs ne sont bons que dans les toilettes, surtout si on tire la chasse d'eau.

❋

L'amour est au cœur du problème.

Remerciements

Je me remercie chaleureusement pour avoir eu l'audace d'écrire tous ces bons mots sarcastiques, ainsi que pour le fait de n'avoir pas lésiné sur le temps passé pour la mise en page de ce livre. J'ai une pensée particulière pour moi-même et je salue bien bas ma personne.

www.ingramcontent.com/pod-product-compliance
Lightning Source LLC
LaVergne TN
LVHW041020150826
845672LV00001B/154

* 9 7 8 2 9 5 8 4 4 4 2 3 5 *